藻谷浩介さん、経済成長がなければ僕たちは幸せになれないのでしょうか？

日本総合研究所主席研究員
藻谷浩介
コミュニティデザイナー
山崎　亮

学芸出版社

この本は、二〇一一年七月一二日に東京で行われた対談をもとに再構成したものです。

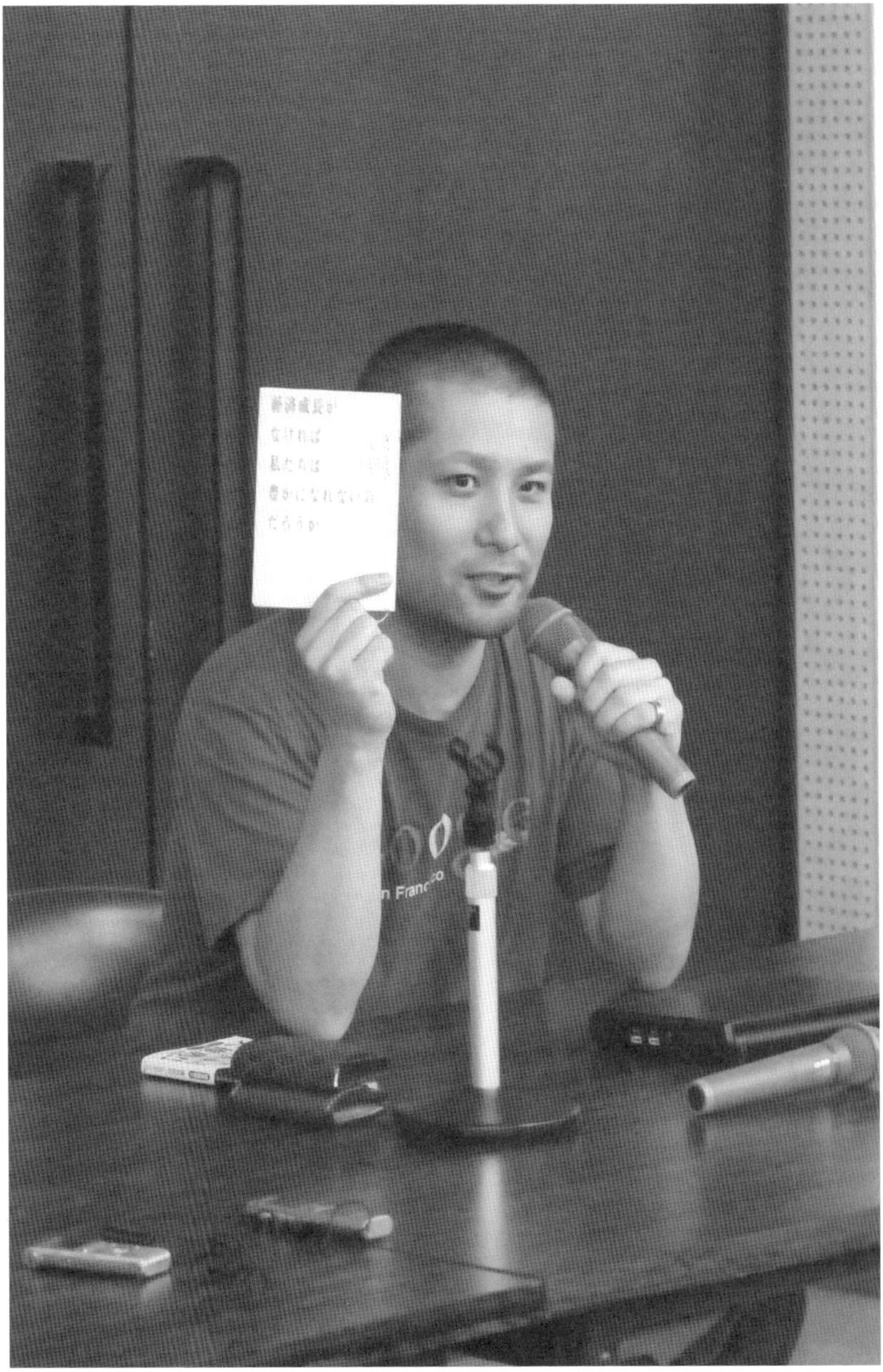
経済成長が
なければ
私たちは
豊かになれないの
だろうか

まえがき

藻谷 浩介

これは、…本当は出したくない…と思いながらも、本当に仕方なく決心して出す本です。

内容には太鼓判が押せます。地域の現場でお仕事されているコミュニティデザイナー山崎亮さんとの、数百人の聴衆の前での対談を、その場で話が出たまま活字にしているのですが、自分で読み直してみても「なかなか深い話をしているな」と感心してしまうほどです（笑）。打ち合わせもなく話の流れも一切決めずに始めたのですが、お互いに相手を得たと申しますか、聴衆を意識した掛け合いの中で自然に筋道が立ち、事柄の本質に切り込んだ中身となりました。同じことを一人で書くのは到底無理であり、同じ設定をしても同じ話を再現するのは無理でしょう。

ですが私は、出版を想定していませんでした。山崎さんと聴衆に納得してもらい、これからもそれぞれの地域で元気に活動してもらうことが、私のその場での目的のすべてでした。そもそも自分の名前で本を出すこと自体に意義を感じませんし、第一、このような題名で出版などすれば、経済成長が一番大切だと思っていらっしゃる方から、「とうとう藻谷は経済成長は要らないと言い出したぞ」と誤解されかねず、実に気が滅入ります。

ということで臆病風に吹かれ、対談後にさんざん出版話を引き延ばして来たのですが、ついに泣き落とされました。たしかにこの本は、地域の現場で経済の現実と苦闘している人には、大きな勇気を与えることでしょう。他方で経済学を本当に理解している人、内包だけでなく外延も把握している人は、「一般常識に沿った当然のことが書いてある」と思うだけで、別段怒りはしないでしょう。実際問題、これは経済成長の必要性自体を否定する本ではありません。ましてや経済学そのものに喧嘩を売っている本でもありません。

そうではなくこの本を読んでいただきたいのは、現実にこの二〇年間以上経済が成長していないこの国の隅々で暮らす普通の常識人です。みなさんにこそ知っていただきたい、ちょっとした自信と勇気と希望が湧いてくるような事実が、この本には書かれています。背景から離れて一人歩きしがちな数字を、生身の現実の中に引き戻す作業が、対話の中でわかりやすく繰り広げられています。きちんと最後まで読んでいただければ、「経済成長は目標ではなく、まあ要するに手段の一つ、では目標って何だったっけ？」という問い直しが、みなさんそれぞれの心の中に広がっていくことと思います。

なお、二時間という枠の中で話が転がって行った範囲をそのまま収録していますので、問題を網羅的に語っているわけではありません。山崎さんが地方の現場の活性化を主たるお仕事としている関係で、話の重点は、経済成長から取り残された過疎地をどう考えるのかというところに置かれていますが、その過疎地の姿は実は世界の中における日本の姿と重なってくるものでもあるのです。またエネルギー面からの経済成長への制約という、震災後の日本と世界でより深刻化している問題にもまったく言及できていません。『デフレの正体』（角川書店、二〇一〇年）で指摘した私の持論の人口制約の問題にもほぼ触れられなかったくらいですから、以上のような偏りはどうかご容赦下さい。

また、今回の話の流れでは、個人の幸せの話に終始し、社会全体をどう変えていくかについても触れていません。それに関しては、日本のあらゆる問題が集中的に現れている場である、中心市街地の再生に関する本を現在、執筆中です。さらには『デフレの正体』に書いたような人口成熟が、世界各地でどのように進み始めているのか、エネルギーは足りるのか、日本は何に向けてどうしていくべきか…、考えなければならないテーマは山積しています。考えるだけで本になるならこれほど楽なことはないのですが（笑）。

みなさんも日々お感じではありませんか。皆が口にする、いかにももっともらしい総論が、どうも自分が身の丈で感じる現実とはずれているということを。そういう総論を、現場での経験から帰納する中でいかに修正し、自分の腑に落ちる話に組み立て直していくか。現代に生きる我々に不可欠なこの知的作業、知的遊戯の世界を、どうかページを開いてお楽しみ下さい！

二〇一二年六月

もくじ

もくじ

本書でとりあげられる地域

プロローグ

地域経済の専門家に聞いてみたかったこと

なぜ、それが気になるのか

山崎　藻谷さんに初めてお会いしたのは、共通の知人である建築家の新堀学さんに「二人は一度会って話してみると面白いんじゃないか」と提案されて、新堀さんの事務所へ招かれた時でしたね。

藻谷　本郷の求道学舎（大正一五年に建てられた学生寮。リノベーションにより、現在は集合住宅として活用されている）でしたよね。僕はあそこへは初めて行きましたけど、本当に魅力的な建物でした。

山崎　その後もう一度お会いしてお話しをしてみたところ、いろんな話題が出てきたんです。なかでも、私が地域経済の専門家と話をするなら聞いてみたいと思っていたテーマが一つあって、それを投げかけてみたら、一度本腰を入れて対談してみたらどうかと出版社から提案があったといういきさつなんです。

そのテーマが、「経済成長がなければ、僕たちは幸せになれないのか」というものです。これは、ダグラス・ラミスという人が『経済成長がなければ私たちは豊かになれないのだろうか』（平凡社）という本を二〇〇〇年に出していて、そこから取ったタイトルです。ほぼ一〇年も前にそういうテーマの本はあったのです。が、この本の前書きにはタイトルを決める経緯が書かれていて、そもそも著者はこういうタイトルにするつもりはなかったらしいのです。本文を書いている時は「common sense（コモンセンス）」という英語のタイトルを付けていて、「新しい時代の新しい常識」といったタイトルにしようとしていたようなのです。実際、日本の憲法九条をどうしていくのか、働き方、生き方をどうしていくか、新しい時代の常識として僕らは何を頭に入れておくべきかということが書かれていて、最後にタイトルのことを編集者と話し合っていくなかで、「もともと経済成長がないとダメだと思いこんでいる常識を変えないと、いろんな問題に対する新しい視点が見えてこない」という意見が出てきたというのです。タイトルもそれを反映して「経済成長がなければ私たちは豊かになれないのだろうか」というものに急遽変えたといういきさつが紹介されています。

僕としては同じ問題意識はあったのですが、この本には経済成長そのもののことはあまり書かれていないので、もう一度、経済成長と僕らが普段やっているような市民としての活動の関係性について聞きたいなとずっと思っていました。今回、こういう機会を得られ、地域の実情と経済問題と両方を見ている藻谷さんに、ぜひともそれをお尋ねしたいと思っています。

なぜ、それが気になるか。それは、経済的には決して成長しているように見えない全国の中山間地域で、それでも豊かに楽しそうに暮らしている人たちにたくさん出会うからです。今回は、三つの地域についてお話ししたいと思っています。僕は特に西日本を中心にコミュニティデザインの仕事をさせてもらっていますが、例えば鹿児島市でマルヤガーデンズというプロジェクトをやっています。島根県の海士《あま》町では総合振興計画のお手伝いをしました。古くからつき合っているのは兵庫県の家島町という離島です。

鹿児島で出会った人たちはノリが良い

鹿児島の例は天文館という中心市街地で関わった三越の跡地の話です。三越が二〇〇九年に撤退し、その後マルヤガーデンズという商業施設になりました。その一〇層の建物の中に、オープンスペース、つまりテナントに貸さないでいろいろな団体や個

2010年にオープンしたマルヤガーデンズ。店内には「ガーデン」と呼ばれるフリースペースが10ヶ所用意されている。このフリースペースは地域のコミュニティが活動するための場として担保されている。

人が使える床をいくつかつくっています。それぞれのフロアはファッションや書籍、食料品という風に普通のデパートのようにテナントが入っているのですが、その一角に空きスペースが数箇所あります。その中に鹿児島市内のＮＰＯやサークル団体がいろいろ入っていて日替わりで小さなイベントを行っているのです。例えば鉄道に詳しい人たちが集まって鉄道について話し合う、別の日には別の人たちが映画について話し合う、あるいは囲碁教室、パソコン教室などの活動をやっている団体がちょっとずつファンの人たちをそこに呼べるようなスペースになっていて、来た人たちが帰りはちょっと買い物をしていくようになりました。オープンしてから一年二ヶ月が経った現在まで、積極的に活動を続けているコアな二〇～三〇団体を中心に、これまでおよそ一五〇団体が参加してきたそうです。

鹿児島市は経済的にそう良い状態ではないと思うのですが、この団体の人たちと話をしてみると、至って楽しそうだし、鹿児島は良い所だと話してくれるんですね。まず食べ物が美味しいし、人のノリが良い。何か一緒にやろうよと声をかけると、「よっしゃ、やろう」とすぐ話に乗ってくれる、その感じが良いと言います。だからみんな

コミュニティスペースのようす。地元のアート系 NPO が子供たちと一緒にダンボールで小さな家をつくるワークショップを開催している。他にも、コミュニティシネマによる映画上映や音楽サークルによる演奏会など、さまざまなプログラムが日替わりで開催される。

すごく幸せそうに暮らしているし、僕らが一緒に活動していても彼らが羨ましくて、東京や大阪で暮らすよりも鹿児島で暮らしたいなと本当に思いましたよ。食べ物が美味しくて、家賃も安くて。

藻谷　着る物もそんなに気にしなくて良いし。女の人はお洒落なんだけど、男は少しやぼったい格好をしていても許される土地柄で、私みたいな人間にとっては天国ですけどね。ヒゲもそっていない人が多いですよ。

山崎　Tシャツ＋ジーパンで、ヒゲをそらずに過ごせるからすごく居心地良いですよね。経済の指標から言うとあまり良くないのかもしれないけれど、幸せそうで僕は本当に羨ましかったですよ。

同じように、海士町の人たちも実に楽しそうで豊かそうなのです。

島根県海士町の人たちは楽しそうだ

藻谷　隠岐《おき》の島の海士町ですね。日本の条件不利地域の中でもここほどいろいろと不利な所はそうそうないといって良いでしょう。

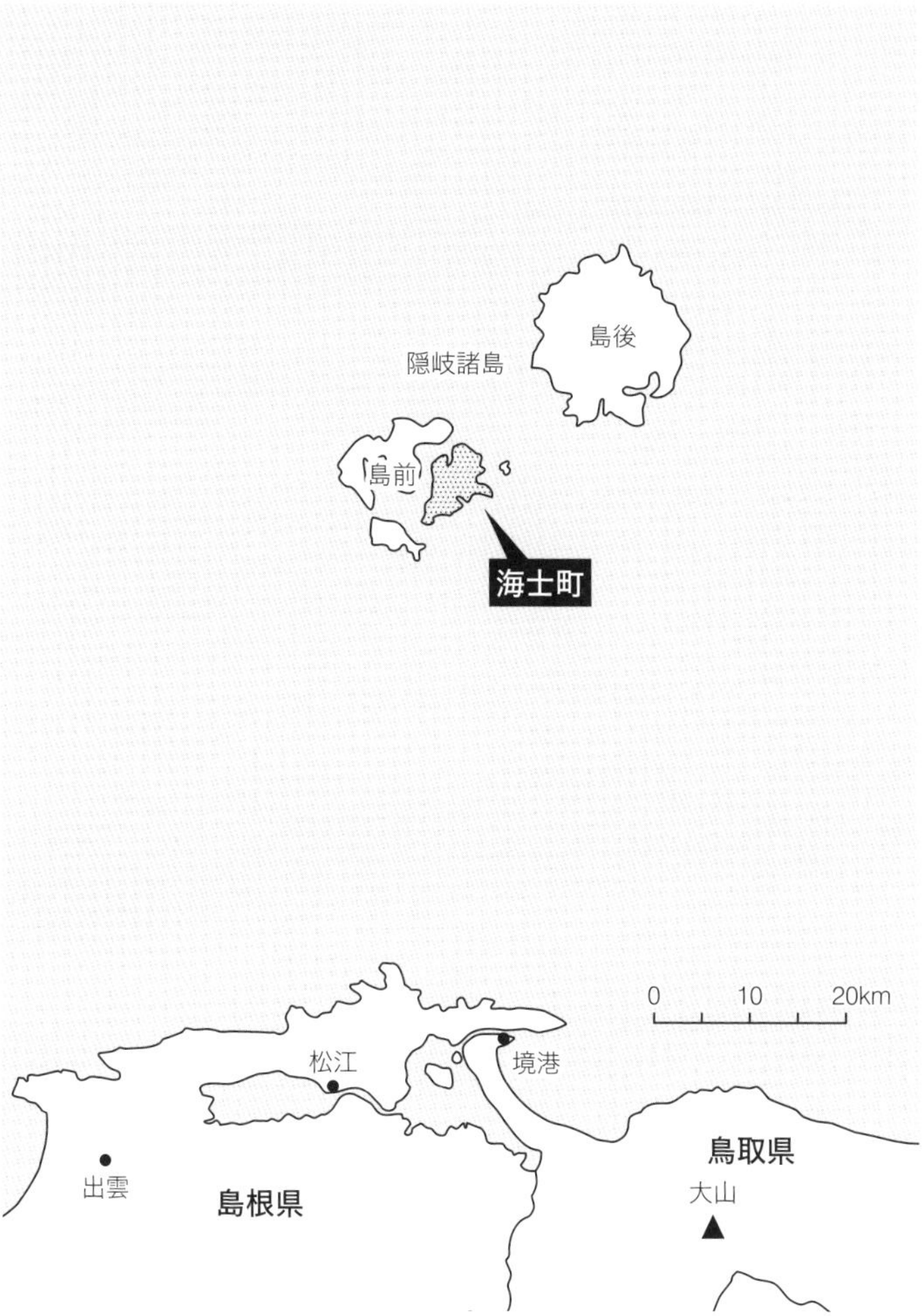

島根県の隠岐諸島

山崎　ほんと、そうですよね。『ゲゲゲの鬼太郎』で有名な境港市からフェリーで三時間半かけて北上してやっと着く所です。

藻谷　境港自体が人口四万人しかない田舎町で、そこからさらに三時間半なんですから。境港からちょっと行った米子も市街地はずいぶんと寂れているし。米子から陸路で三時間かかってようやく大阪に着くというスゴい所ですよね。

山崎　そんな場所ですから、経済の指標もたぶんあまり良くないでしょう。

藻谷　あまり…ではなく、すごく良くないでしょう。

山崎　でも住んでいる人たちはめちゃくちゃ楽しそうなんですよ。

藻谷　隠岐の島前《どうぜん》地区というのは、阿蘇山のような二重式火山が半分海に沈んでいる所なんです。その中でも海士町は外輪山の東南部分にあたるわけですが、平地がほとんどありません。火山のギザギザがそのまま町の地形になっているんです。空港がある島後《どうご》地区の隠岐の島町に行くにも、確か船が一日二本しかなかったと思います。空港自体も、大阪行きと出雲行きが一日一本ずつだけです。

山崎　しかも飛行機の着く時間と船が出る時間は微妙にずれているんです。飛行機で

人口約 2300 人の海士町。漁業と農業が盛ん。都会の働き方とは違う働き方を目指して、多くの移住者が暮らす。

隠岐の島町に着くと、海士町へ渡る船が来るまで三時間くらい待たなければならない。「飛行機で着いた人が隠岐の島町から他の島へ渡らないように、わざと不便にしてあるんじゃないか」なんて邪推したくなるくらいです（笑）。だから境港方面から船で渡った方が便利なくらいです。

藻谷　とても泳いで渡れる距離じゃないですから。後鳥羽上皇が流されて帰って来なかった所ですからね。

山崎　逆に言うと、後鳥羽上皇をここへ流したということは食べることには苦労しない場所だったということですよね。だから、海からのものは豊富に採れる場所で、島の人たちはいたってハッピーに暮らしている感じがするんです。人口は約二三〇〇人ですけれど、その内の一割は東京・大阪からIターンして来た人たちがいるという場所です。

藻谷　う～ん、それは過疎地の中では例外中の例外ですね。そういうことが起きていることと自体がスゴいことですが、ただお金が儲かっているとは思えない。

山崎　そうなんです。しかし住む所、一軒家が一ヶ月五〇〇〇円で借りられることを

海士町の港での風景。島の入口は港だけなので、島を訪れる人の玄関口となる。島に来る人を迎え入れ、出て行く人を見送る場所である。港の風景を眺めていると、この島の人間関係が見えてくる。

考えると、可処分所得としてはひょっとしたら東京辺りで一生懸命サラリーマン暮らしをしてひと月に一万円貯金できるかどうかという人に比べたら、三万円くらいは貯金できるような生活をしているんですよ。またお金の話以上に、彼らは本当に楽しそうに生活していて、例えば夏になったら、海に飛び込んでウニや牡蠣を捕っています。何か楽しそうに見えるんですよね。

藻谷　私は全国どこの町にも自分の足とお金で行ったと自慢しているのですが、実は海士町には一回しか行ったことがない。ほとんどの市町村には何回かずつは行っていますが、なかなか海士町には行けない。そのくらい行くのが大変な所なんです。しかも行ったのは海士町が今ほど有名になる前でしたが、コンビニエンスストアがなさそうな感じでしたね。今もないですか。

山崎　はい、今もありません。

藻谷　じゃあ、コンビニがあることが当り前になっている人は暮らせない町ですね。

山崎　そういうことです。

藻谷　その代わり、そこら辺でウニを捕っても怒られない。

山崎　それが好きな人にとっては本当に天国みたいな島かもしれません。もう一つ家島という所も同じような雰囲気がありました。

家島の人たちの充実した暮らしぶり

藻谷　家島は瀬戸内でも特に魚が美味しい所ですよねえ。

山崎　すごく美味しいです。漁業が主体の所です。半分地形が崩れている島は、家島の隣の男鹿島《たんがじま》で、採石の島として知られていました。

藻谷　「おじか島」と読むのかと思ったら「たんが島」とは特殊な読み方をしますよね。しかも、この家島諸島は瀬戸内海に浮かぶ島々で、いかにも海賊が基地にしそうな地理条件です。余談ですが、地中海に浮かぶマルタ共和国と同じ地形なのです。

山崎　ほお。

藻谷　マルタのバレッタは細長い湾をはさむ二つの半島にそれぞれ城塞があって、その湾内に軍艦をしまうんです。ナチスドイツに包囲された時も陥落しなかった。唯一ナポレオンだけがここを落としたという逸話があります。それはともかく、家島の地

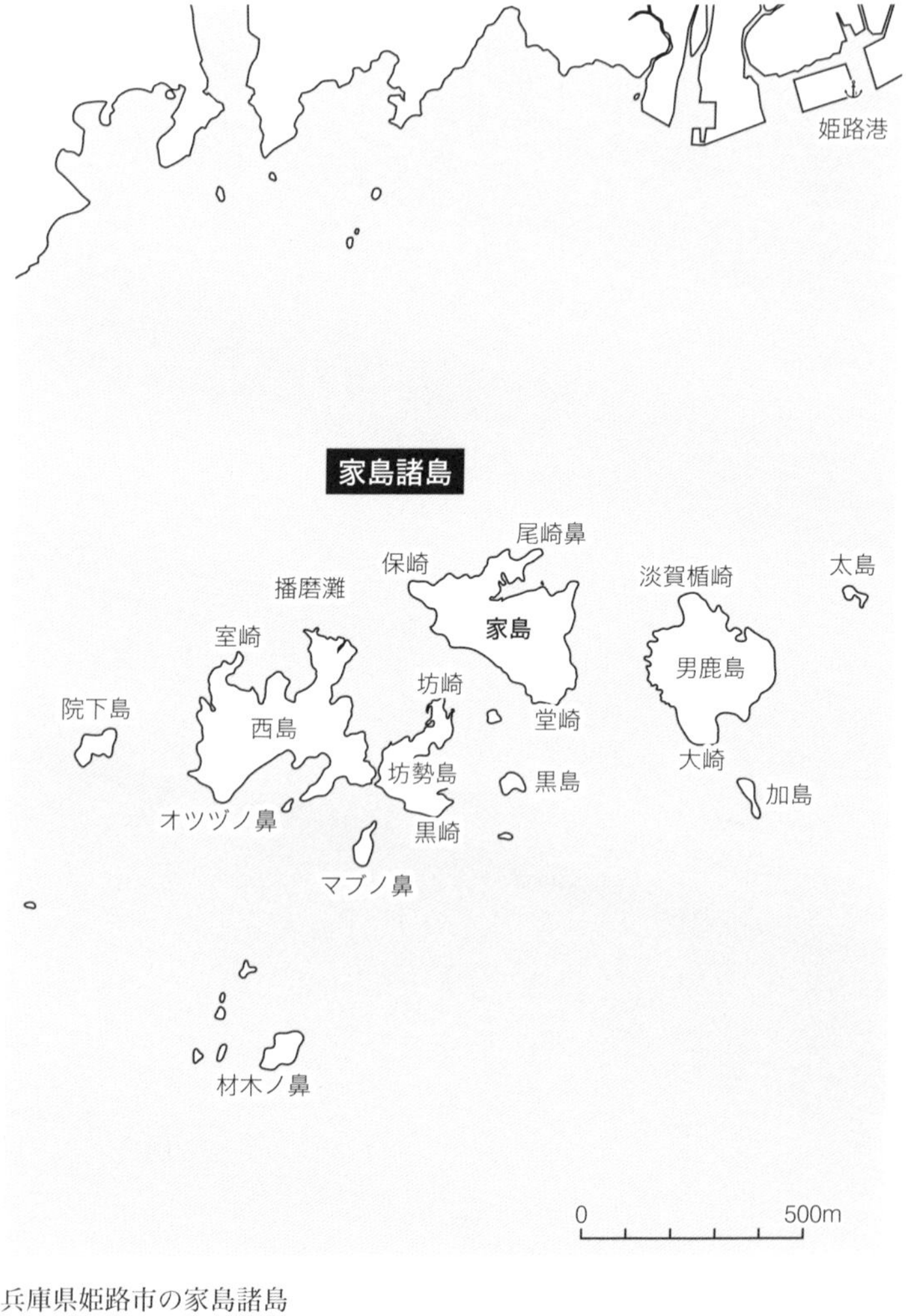

兵庫県姫路市の家島諸島

家島。採石業で切り崩された斜面が迫る。かつては採石業で経済的な成長を果たしたが、最近は大きな仕事もなくひっそりとしている。島の人たちも少しずつお金以外の価値に目を向けつつある。

形を見たら、昔はここに海賊がいたなと思える島ですよね。
山崎　今でも海賊っぽい人がたくさん歩いているんですよ。
藻谷　山崎さんが行くと、もうすぐに馴染む所でしょう？
山崎　まったく違和感なく入れました（笑）。海賊っぽいというのは、本人たちが「漁業というのは博打打ちだ」と言っていることがあるからです。大漁ならみんなに振舞うし、収穫がなければ誰かに分けてもらうだけだ、ということです。それ以上でもそれ以下でもない。
藻谷　確かに漁業以外をやろうにも、ここは耕地がないですね。まったく平地がない。
山崎　海から即、山の斜面が迫っています。そういう博打打ちの人たちが漁だけでなくて、山を爆破して採石して、それで埋め立てるということをやっていました。そこから採石業が盛んになった。つまり、博打の単位が大きくなっていったんです。億という単位の仕事になって、石を運ぶためのガット船を二億で買ってきて毎年石で一億儲けていくという生活になりました。ただ儲かったら儲かっただけ使ってしまい、翌年所得税が払えなくなって、また稼いで借金を返していくという生活ぶりでした。う

漁業の島の日常。採石業は衰退し、経済的には苦しい状態であるはずだが、まちづくりの活動を始めたおばちゃんたちはいつも笑顔だ。

まくいっている時はそれで良かったのですが、段々公共事業が減って石の需要がなくなってくると、税金も払えなくなってしまうという状況になってきたのです。

藻谷　最後にうまくいったのが関空の二期工事でしたが、おそらく次はないでしょう。

山崎　経済指標からすれば随分苦労しているように見える島です。

藻谷　町自体成り立たないということで、姫路と合併してしまいましたからね。姫路に通勤している人はほとんどおらず、文化も全然違うと思いますけれど。

山崎　だから、家島も経済指標は落ち込んでいるのですが、島の人たちは楽しそうに生活しているんです。行ってみると、いいなと思える面もたくさんある。

　そこで、ここからが今日の本題です。こういうまちづくりやコミュニティデザインをやっていると、一部の人からは「そうは言っても、基本的にはお金が儲からないと駄目だろう」「商売にならないのでは」という意見がよく聞こえてくるんです。確かに、儲かるか儲からないかという点から言うと、まちづくりなんかやっていても大儲けができるわけではないし、その地域の商売がぐっと伸びるわけでもありません。ただ、やっている本人たちはとても生活が充実してきて友達が増えて、やれることが少しずつ増えてきて「これは楽しい」と言えることがたくさん出てくるんです。そういう点から見ると、僕たちが楽しい、幸せだと言えて、生きている充実感を味わうには、お金が儲かるという経済的な側面もある程度関係しているんだろうけれど、そんなにシビアには関係していないようにも思えます。このあたりの関係性を僕らはどう考えていけば良いのか、それをまずは藻谷さんにお聞きしたいと考えているのです。

こういう漠然とした話からスタートして良いですか。

藻谷　話せばいくらでもいろんな角度から言えるので、一言で語るのは難しいのです。でも、今日、このテーマでみなさんがたくさんいらっしゃったということは、相当詳しく聞きたいと思われているということですよね。実情と理屈をどうすりあわせることができるのか聞きたいと。

では、あちこちにいろいろとひっかかりながら、ねちねちと話していこうと思います。

1章

経済的指標と人びとの幸せとの関係を考えてみる

鹿児島のケーススタディ

藻谷　今の話ですが、経済的な側面から言うと聞いてみたい点が多々あります。特に聞いてみたいのは、最初の例で言われた鹿児島のことです。山崎さんが鹿児島に関わられたのは、このマルヤガーデンズのプロジェクトが初めてですか。

山崎　そうです。それまで鹿児島市に行ったこともありませんでした。

藻谷　最初に行かれた時の手段はどうやって？

山崎　飛行機でした。

藻谷　飛行機が空港に降りてくる時の、最初の鹿児島の印象はどういうものでしたか。

山崎　すごく自然が豊かな所だなと思いました。

藻谷　なるほど。町そのものの印象はどうでした？　大きいなと思いましたか、それとも小さな町だなと？

山崎　思ったより大きい町なんだな、と思いました。

藻谷　地方の県庁所在地としてはかなりデカい町ですよね。

山崎　失礼ながら、もっと小さい町をイメージしていました。

鹿児島天文館地区。九州最南端にこれほど大きな町があるとは思えないほど大きな町。

藻谷　よく知らない人が行くと、必ず「なんてデカい町だ」と思うはずです。

山崎　大阪や東京から行くと、鹿児島との間に小さな地方都市がたくさんあるから、なんとなくそんなサイズの町が続いていくかなと思ったら、最後の南の端っこにデカい都市がある。思ったより大きくて、立派な建物がたくさん建っているという印象はありました。

藻谷　熊本、鹿児島、沖縄の那覇はけっこう大きな町です。熊本は駅周辺だけではわかりませんが。ただ、鹿児島にはお洒落な建物はあんまりなかったでしょう?

山崎　それはそうですね。

藻谷　建築にお金かけてないなあと思いませんでした?

山崎　あははは。それはありますね。

藻谷　コミュニティデザイン以前に、建物デザインをなんとかしろという印象の町が多いんですよね、地方都市は。

山崎　マルヤガーデンズはデパートですから、地域のよそのデパートもどんなものかを見に行ったんですよ。「山形屋（やまかたや）」というでっかいデパートが鹿児島に

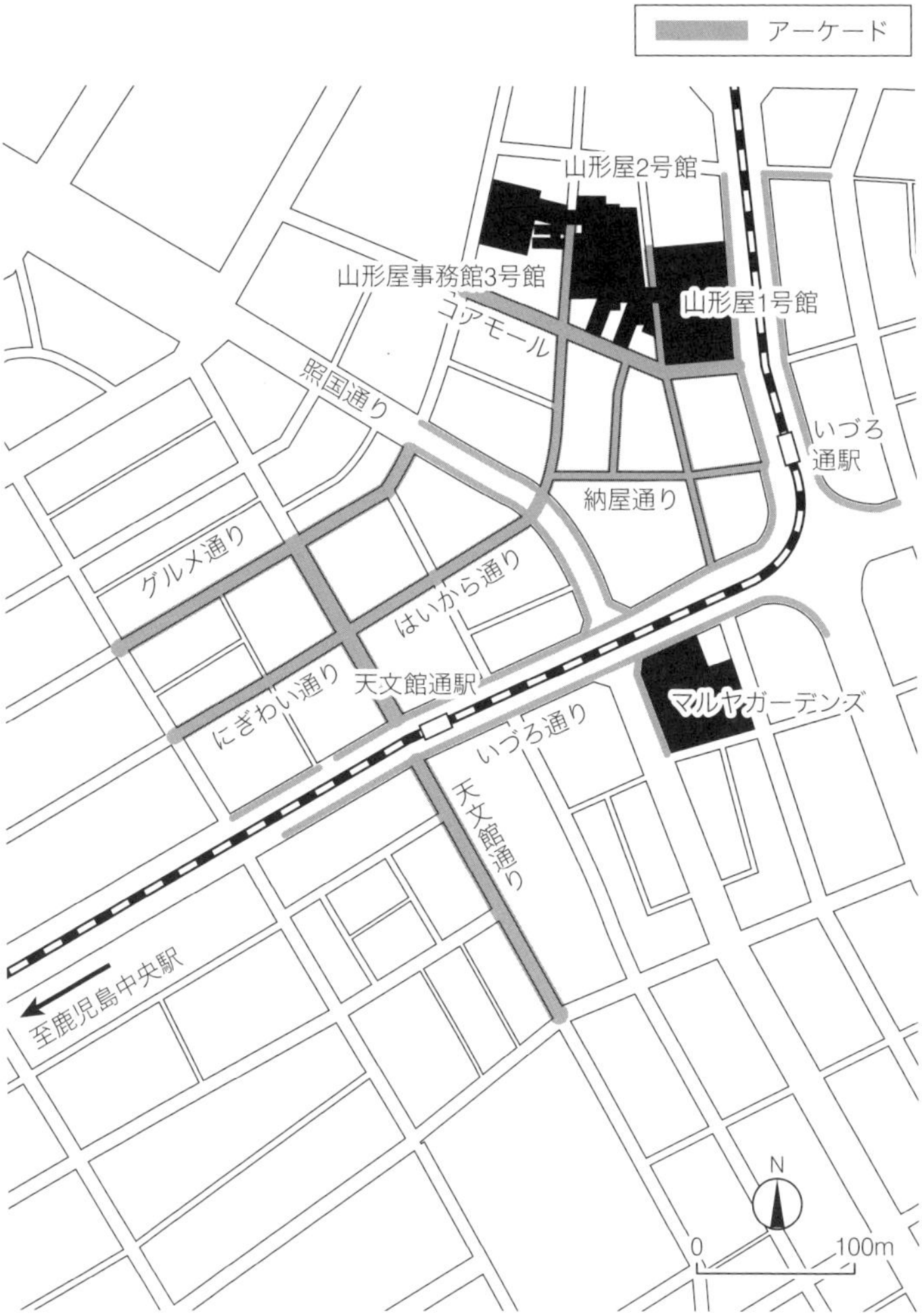
アーケード
山形屋2号館
山形屋事務館3号館
山形屋1号館
コアモール
照国通り
いづろ
通駅
納屋通り
グルメ通り
はいから通り
天文館通駅
にぎわい通り
マルヤガーデンズ
いづろ通り
天文館通り
至鹿児島中央駅
N
0
100m

天文館地区

あります。これは大正頃に建てたような大きな建物で、様式の模様を外側にぺたっと貼ってあるものでした。だから古い建物のように見えるのですが、実は外壁の改修の際に大正時代の外観を復刻させたものだそうです。

藻谷　それを貼る前は、見かけも中身もすごく古いビルだったのです。だから外だけでも綺麗になって、ずいぶんお洒落になったのですよ。それを言うならマルヤガーデンズこそ外観は古いですよね。

アーケード街はどうでしたか。すごく大きいので有名ですよね。日本最大の迷路状アーケードコンプレックスだと思うのですけれど。

山崎　デカいですよね。確かに、迷路みたいで方向がわからなくなりました。

藻谷　これだけのアーケードをつくっておきながら、あまりお洒落とはいえない店も目立ちます。珈琲のタリーズが来た時は、「タリーズが来てくれたぞ」とみんな涙流して喜んだという話だそうです。ともあれ、昔懐かしい地方都市という感じもするアーケードですが、地元の人はたくさんここを歩いていますよね。

山崎　はい、人は多い商店街です。

天文館地区にはりめぐらされたアーケードコンプレックス。地方都市の商店街としてはめずらしく人通りが多い。

藻谷　天文館地区にも、一歩外れれば「グルメ通り」というけっこうお洒落な路地があります。センスのいい古着屋なんかもあって、鹿児島のなかでは数少ない青山っぽい通りです。

しかし、基本的には大都会の真ん中のビルをコミュニティスペースには貸してくれないですよ。そういうデカい町の真ん中にある一〇層のビルじゃないですか、マルヤガーデンズは。普通だと、そういうビルにフリーユースのスペースを入れるなんていう面白い使い方は誰もしないですよ。例えば、有楽町の西武が撤退した後のビルで、そういう床をコミュニティに開放するような使い方をしたらものすごく面白くなると思うのですが、なかなかできない。銀座の真ん中でそういうことをしたら、とても楽しいのに。鹿児島はどうしてできたんだろうととても興味があります。これは、今日の話に入るのに重要なポイントなんですよ。このビルは誰が持っているのですか。

老舗百貨店がコミュニティスペースを持つデパートに生まれ変わったいきさつ

山崎　もともとは、丸屋という呉服屋さんが明治時代にここで営業していました。丸

グルメ通りのようす。商店街の脇道に入った所にあるお洒落な通り。若い店主らが新しい店を出している。

屋を「丸屋デパート」にまで大きく成長させ、二五年前に業務提携して三越に入ってもらったんです。その二五年間のうちに、マルヤは三越に床を貸しているだけになって、デパートをやっていた頃のノウハウをなくしてしまった。しかし、三越が撤退、さあどうしようということになって、今の社長が「地域に育ててもらったマルヤ三越なんだから、マルヤまで撤退するわけにはいかない」と考えたんですよ。天文館という商店街の中でも、山形屋と三越は二大巨頭で、その間に二〇もの商店街が入っているんです。御多分に洩れずここも地方の中心市街地の問題で、ちょっとずつ元気はなくなっているんです。新幹線が鹿児島まで開通したとはいえ、微妙に離れている。

藻谷　鹿児島中央駅と名前が付きましたが、全然中央じゃない、昔の西鹿児島駅ですからね。

山崎　そこに「中央」と名前を付けて、まわりにはアミュプラザなどいくつか商業施設やホテルが張り付き始めています。

藻谷　商店街がタリーズで喜んでいるうちに、そちらはスターバックス・コーヒーが入りましたよね。

山崎　そうなんです、スタバだけでなくユニクロ、無印良品もあります。

藻谷　つまり全国どこにでもあるものが鹿児島でも喜ばれているというたいへん面白い、というか残念な現象だなと思いますよ。

山崎　中央駅に人が注目し始めて、これはまずい、天文館をどうしようかと思っていたところに、三越が撤退で、さあいよいよどうする、と。そこで社長が覚悟を決めて「自分たちで商業施設をやります」と言ったのがそもそもの経緯なんです。

藻谷　スゴい話ですね。

山崎　本当にスゴい。今は全国どこでもデパートはダメだと言われているのに、やりますと言ったんですから。

藻谷　もし銀行関係者がその場にいたら、止めたでしょうね。推測ですけど、その人は銀行からお金を借りていないのかもしれません。あるいは担保を十分に出せる余裕があるのか、どちらかでしょうね。山崎さんが「鹿児島は地味に見えるけれども実は豊かじゃないのか」と感じ取ったのは、まずその時点で地元の人たちの多くが、資産はあるけれど変な借金は持っていないことに気がついたのでしょう。並んでいるビルが古く貧乏な地域に見えても、実は豊かじゃないのかと。それはともかく、その後どうしたのですか。

マルヤガーデンズの考え方

山崎　更地にして駐車場にしたり土地を売却する案もあったらしいですが、さっきの思いがあったんです。「天文館で古くから鹿児島の人たちに育ててもらった企業なんだから、はい、これで終わりですとはいえない。中心市街地の元気をさらになくすようなことはできない」ということで事業を始めることになったのです。

僕の感触は、三越さんでもテナントを埋めることができない状態になって撤退しているわけですから、これから新しく始めるデパートが今の商圏の中で全部テナントを埋めてガンガン儲けられるとは考えにくいということです。だからたとえて言うなら、一〇層の建物なら上の二層分は削って容積を小さくして、その中でテナントを埋めるくらいのイメージで良いのではないかと考えました。ただ、現実には鉄筋コンクリート造の建物を削るのは難しいので、空いてしまうスペースを各階に分散させて、むしろそこをポジティブに使った方が良いというアイデアです。

単に、空きスペースをおじいちゃん、おばあちゃんが座っているスペースにしてしまうのは勿体ない。僕たちは昔からそういうスペースに地域のコミュニティの人たちが入ってきていろんな活動をすることを提案してきました。市民の活動が人びとを呼び寄せて、周りのテナントで買い物をして帰っていく仕組みをつくる、そういうコミュニティデザインをデパートでやってみたら面白いのではないかと考えました。

その結果、藻谷さんが仰る、「有楽町では絶対起きない」ようなコミュニティデザインが実現したというわけです。

なぜ、コミュニティデザイナー山崎亮がそこに呼ばれたのか

藻谷　なんで山崎さんがそこに呼ばれたのですか。ものすごく重要なことなのですが、山崎さんは謙遜されて経緯を説明していませんよね。普通に考えると、デパートを再建しようという時には呼ばれない人材だと思うのですが。そこにコミュニティデザインの人を呼んできた時点で、すでに普通じゃないと思います。

山崎　もともとは、社長がそのデパートにテナントとして入って欲しいと思っていた、ナガオカケンメイさんというデザイナーさんから始まるんです。この人は「d&department」という自分のセレクトショップを持っていまして、日本全国各地にお店をつくっていきたいと考えています。この人に社長が声をかけて、「キーテナントとして入ってくれないか」と頼みに行ったら、ナガオカさんは最初、断ったというんですよ。

でも、そこからが女性社長のうまいところなのですが、「ああ、そうですか」と笑顔で答えて、「じゃあ、ナガオカさんはどういうデパートだったら入りたいんですか」と逆に質問をしたという…。

藻谷　すみません、話を途中で遮りますが、そのデパートの社長さんは女性だったのですか。おいくつぐらいの方なんですか。

山崎　玉川恵さんという女性の社長で、当時四〇代後半だったと思います。創業からは五代目の社長だったと思います。

藻谷　私よりちょっと上ぐらいの方ですね。いやあ面白い話です。今ちょっと軽くシ

左から建築家の竹内昌義さん、社長の玉川恵さん、デザイナーのナガオカケンメイさん、山崎亮、コピーライターの渡辺潤平さん

ヨックを受けていまして、私はそういう面白い人とちゃんとお会いしていないことを深く反省しているところです。あれだけ何度も鹿児島に行っているのだから、一度くらいは会っているはずなのですが、そういう面白いことを考える人が鹿児島にいたなんて知らなかった。

山崎　ひじょうにユニークな人ですよ。この方は東京にながく暮らしていたけれど、ご家族の事情で鹿児島の実家に帰ってきた後、後継ぎだったお兄さんの病死を受けて社長になられました。その翌年、三越さんから「撤退します」という連絡が来ちゃって、どうしようといきなり問題を突きつけられたというわけです。

藻谷　そうですか。それにしてもそこにはある種の「含み資産」のようなものがあるわけです。呉服屋が商売を閉めて、その場所を三越に貸している間に、娘さんは外の経験を積むことができた。わけあって鹿児島に戻って来たとは言え、それだけの魅力が鹿児島にあったからですよね。これが、ただの因循姑息な田舎町だったら、そういう女性が戻って来ても嫌がらせをされただけでしょう。実力のある人が活躍できるのも、ちょうど地域の経営者層の代替わりが進んでいる時期に当たったたのも良かったたですし、かつデパートを再開できるということはそれだけの貯金があったということですよね。それとも山崎さんがテナントを呼んで来たのですか？

山崎　いえいえ。

藻谷　つまり、ネットワークを持つ経営者人材と、投資できるお金というゆとりがあったということですね。

山崎　かもしれないですね。でも借金はしていると聞きました。もちろんこれだけの大きなプロジェクトですから、ちょっとやそっとの貯金じゃ無理でしょう。内情は詳しくは知りませんが仰る通り、もともと大きな借金はなかったのではないでしょうか。新しく借りて、新しいことを始めるスタートラインとしてはそんなに悪い状況ではなかったのかもしれません。

藻谷　ブランドがいろいろ入っている中で、八階に惜しげもなくゲストハウスと称するジャポナイズという店が入っています。

山崎　そこは、結婚式をやるスペースですね。

藻谷　フリースペースはどういう所に設けたのですか。

山崎　それぞれの階に設けてあります。広さや場所はいろいろで、三〇㎡の所もあれば七〇㎡の広さの所もあります。目立つ所もあれば目立たない所もある。一〇層のデパートに一〇個のフリースペースがあって、一五〇の団体が使い廻している状況です。これには、コーディネーターがいて、各団体に「あなたたちはあっちのスペースを使って下さい」などと調整しています。

藻谷　私自身がこの話に興味津々で、会場の人を差し置いて突っ込んで話をしてしまいますが、お許し下さい。

有楽町で同じことができるかというと、ひじょうに高いお金がかかっている床をフリースペースにして、コミュニティデザイナーの言う通りに訳のわからないグループに貸せるかという話になるでしょう。そんなスペースがあるのなら、全部テナントに貸してしまえというのが経済発展を目指すなら当然の考え方なんです。

しかし、鹿児島ではそれをやらずにいろいろなフリースペースをつくって自由に使わせた方が面白いじゃないかと思える余裕がオーナーにあった。あるいはそれを許す雰囲気があった。そういうことですよね。

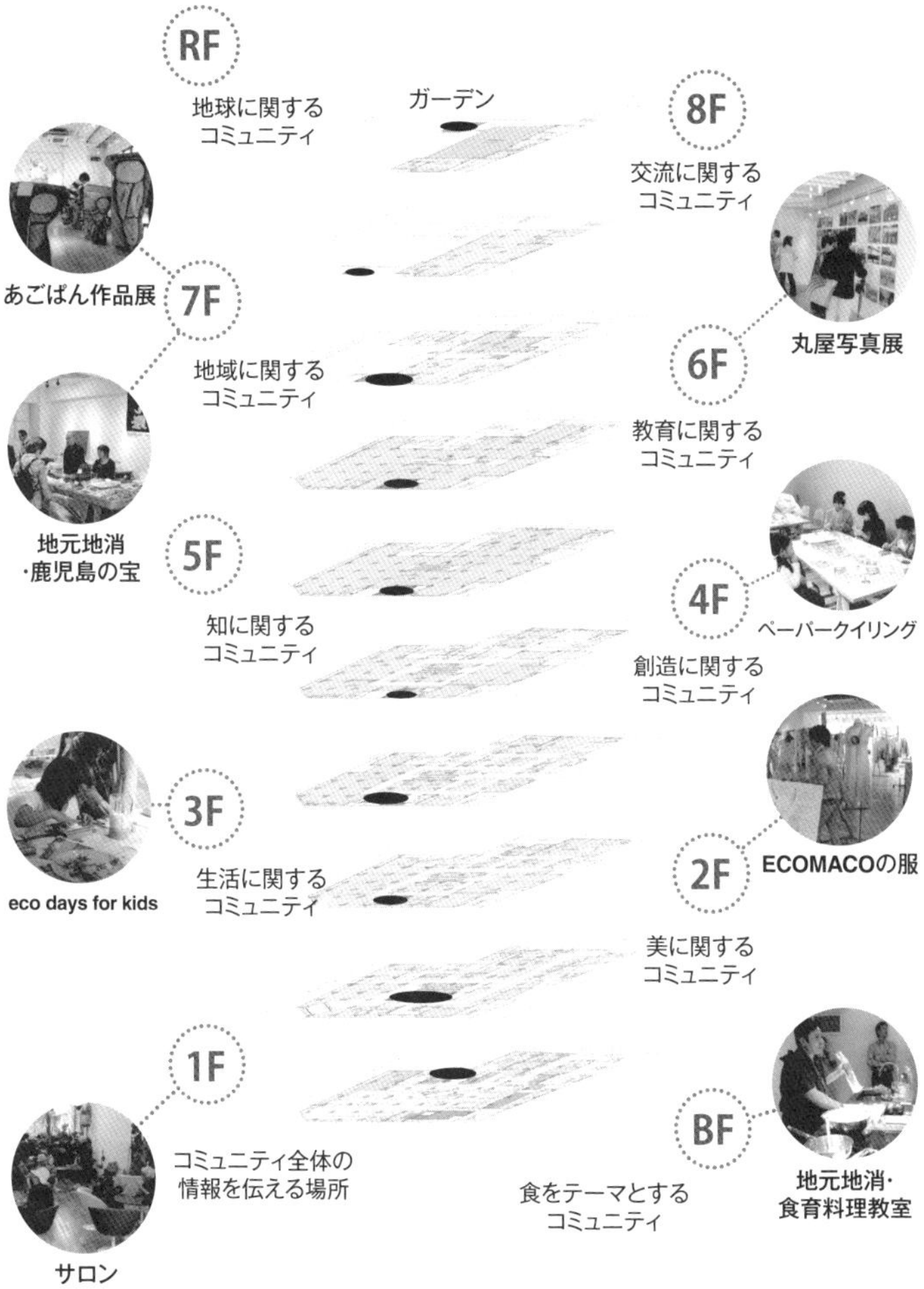

各階のテーマとテナントによって、ガーデン（コミュニティスペース）の性格が異なる。地域のさまざまなコミュニティが使いこなしている。

銀座のビルのオーナーの多くには、同じように床を遊ばせて使う余裕がないのかなと思います。少しでも高く床を貸さないといけないのでしょう。なぜそうなるのかというと、銀座の地価はもともと高いということもあります。だけど、多くのオーナーは最初からそこを持っているのだから地価は関係ないはずなのですが、おそらくひじょうに高い固定資産税を払っていてそれを回収しないといけない。一応、首都圏は経済発展しているということになっているから、都心の地価は下がらない。つまり、高い税金を払うために投資を続けて、高収益の床に貸さないといけないのですね。ハイリスク、ハイリターンビジネスに走るほかなくて、無理に無理を重ねて一輪車乗りのような状態になっているわけです。だから一度こけると、なかなか立ち上がれない。

逆に鹿児島は三越も撤退してしばらく経ちますから地価も下がっていて、おそらく、フリースペースを入れて面白くした方がいいやという計算も成り立つというのでしょうね。隅々にまで全部テナントを入れろとまでは考えない。デパートの全店が歌謡曲のサビが続くような賑やかな店ばかりだと、却って客は行きにくいですが、こういうフリースペースがあると却って客はゆっくり店を見てやろうかという気にもなるでし

コミュニティスペースのようす。親子でアート作品をつくるワークショップを行っている。

ょう。ガチガチと買い物をしなくても構わないことが現代人にはピッタリ合うんですよね。

山崎　そういうことだと思いますね。

藻谷　ただ、そういうケースは全国的に少なくて、これだけの規模の都市の一等地では初めてのことかもしれません。

山崎　そうですね。

マルヤガーデンズが成り立つ絶妙な事情

藻谷　撤退した大型店の再利用自体は全国にぽつぽつあります。長野の市街地で長崎屋の跡地がアゲインという施設になったのが最初ですが、さすがにフリースペースはないですね。ここは地権者が思いきりディスカウントして貸したんです。別の例では、新潟県の長岡市民センターがあります。これは全館公共利用ですが、でも町は小さめですね。

鹿児島ぐらいの都市の真ん中で、しかもあれだけ人が歩いている所でこれができるということ自体が驚きです。人口五〇万人以上の町の中では一番所得水準の低いレベルである鹿児島ならではの出来事だとも言えるかもしれません。しかし他方で、これだけのブランドを入れたということは、ある程度お洒落なブランドを買える人が鹿児島にいないと成り立ちませんよね。思いきりド貧乏な地域で、本当にお金がない所でやろうとしても、それは無理がある。だから、バランスが取れていると言えますよね。成長はしていないかもしれませんが、過去のストックがあって、若い女の人がブランドを買って歩こうという意識が残っているのです。

全国	1,496	仙台市	1,578
東京区部	2,386	静岡市	1,566
川崎市	2,029	福岡市	1,540
横浜市	2,015	京都市	1,518
名古屋市	1,885	岡山市	1,453
さいたま市	1,874	堺市	1,395
船橋市	1,822	姫路市	1,383
千葉市	1,780	大阪市	1,382
八王子市	1,744	新潟市	1,369
相模原市	1,714	札幌市	1,360
浜松市	1,650	熊本市	1,323
宇都宮市	1,609	北九州市	1,267
神戸市	1,584	**鹿児島市**	**1,256**
広島市	1,581	松山市	1,247

人口50万人以上の都市部における、人口当たり課税対象所得額（単位：万円、2007年）（資料：総務省「市町村税課税状況等の調」と「住民基本台帳人口」から藻谷が作成）

鹿児島の人がもっと金持ちだと、新幹線に乗って福岡に行ってしまったかもしれません。片道一万円を払って福岡に買い物に行くほど金持ちではないということですね。買い物は鹿児島でするけれど、そこそこのブランドは欲しいという人がそこそこいるという絶妙な状態が、マルヤガーデンズを成り立たせているわけです。

これが本当にリッチだとどうなるか。例えば富山県は日本でも有数の豊かな県だと言われています。あるいは福井県もそうです。ところが日本有数に家計の所得が高い所なのに、町そのものはお洒落とは言い難く、人通りも少ない。じゃあ、豊かな人びとはどこで買い物をするかというと、京都や大阪、金沢に出かけて行きます。地元にお金が落ちないのです。富山の場合は、東京に買い物に行くという人も多いです。別の地域を挙げると、徳島県。富山や福井ほどお金があるわけではないけれど、橋ができて高速バスが通ってからというもの、住民はしょっちゅう大阪、神戸に行っていますす。だから徳島の町はどんどん寂れていってしまう。ある程度お金のある人がたくさんいる町でも、都会に近すぎるとどんどん購買力が流出して寂しくなるという現象が起きています。

逆に都会から遠いが故になかなか経済発展しない鹿児島は、適度な生態系が残ってそこで面白可笑しく暮らせる人たちがいるというわけです。もちろん、そうした現状に不満を持っている人もいるでしょうけれど。ですから、マルヤガーデンズというデパートは本当に絶妙な立ち位置を取っていますよね。

都道府県	指標値	順位
全　国	525.3	
北海道	466.6	39
青森県	494.9	34
岩手県	551.1	19
宮城県	446.0	42
秋田県	614.3	5
山形県	574.3	11
福島県	600.5	7
茨城県	558.1	16
栃木県	628.7	3
群馬県	416.5	44
埼玉県	588.6	9
千葉県	491.2	35
東京都	567.8	15
神奈川県	608.7	6
新潟県	547.2	20
富山県	**692.1**	**1**
石川県	642.8	2
福井県	**623.2**	**4**
山梨県	553.6	17
長野県	528.6	25
岐阜県	544.2	21
静岡県	505.8	31
愛知県	541.9	22

都道府県	指標値	順位
三重県	515.5	28
滋賀県	470.7	38
京都府	475.6	37
大阪府	416.4	45
兵庫県	527.7	26
奈良県	551.8	18
和歌山県	513.4	29
鳥取県	505.3	32
島根県	568.7	14
岡山県	510.8	30
広島県	537.3	24
山口県	580.1	10
徳島県	538.7	23
香川県	568.9	13
愛媛県	505.1	33
高知県	597.3	8
福岡県	455.3	40
佐賀県	522.6	27
長崎県	407.1	46
熊本県	452.9	41
大分県	569.0	12
宮崎県	432.9	43
鹿児島県	491.0	36
沖縄県	348.4	47

1勤労者世帯当たり1ヶ月間の実収入（単位：千円、2006年度）（資料：総務省「市町村税課税状況等の調」と「住民基本台帳人口」から藻谷が作成）

実際問題、鹿児島の経済状態は厳しいんですよ、学校を出てもあまり就職先がないですし。しかし、私が会った人たちはどこか明るさを持っている。

山崎　その通りです。やる気もあるし。

藻谷　山崎さんの話を聞いていて、あーあと残念に思ったのですけれど、実は私が鹿児島市内で会う人は明るいけれども、多くの場合はそこまで熱くなかった。

山崎　あれっ？

藻谷　つまり熱い人の周りには、やはり熱い人が集まるものなのですね。宇宙は冷え切っていますけど、太陽の周りに行くと熱いように、山崎さんのようなお仕事をされていると面白い人たちの輪に入って行かれるんだな…と。

山崎　僕らがプロジェクトに携わる時は、まずは地域のコミュニティやＮＰＯなどの団体を一〇〇団体くらい調べ出すんです。インターネットで調べます。そうした団体の中から、この人たちは面白そうだと思う五〇団体を選び、まずその人たちにヒアリングに行くのです。

藻谷　えーっ！

山崎　五〇団体それぞれに予約を入れて、朝、昼二、晩二と回ります。一日五〜六団体くらい、車で回りながら話を聞いていきます。そうすると、熱い人たちばかりに会うことになるんですよ。しかも、その人たちがさらに熱い人たちを紹介してくれる。紹介してもらった人たちにも話を聞きに行くのです。そういう人たちに「うちのマルヤガーデンズで活動してくれませんか」と誘って、一〇層のスペースに入ってもらったのです。だから、私はきっと地域の熱い人ばかりと会っているんだろうなと思いますね。

藻谷　鹿児島のNPOの人たちは他の町の人たちよりも熱かったですか。

山崎　僕の感覚としては、熱い人が多かったですよ。熱い人の比率が高い感じがしますね。

藻谷　たしかに鹿児島というと「長渕剛」ですもんね。一歩間違えると暑苦しい人たちですからね。ウチの中一になったばかりの息子が突然「とんぼ」を歌い出して、あの年頃になるとこういうのを歌いたくなるものかなと思ったものですが。「東京の馬鹿野郎」とか「北へ北へ向かった」とか歌っているから、「なんで北なんだ？　青森から見たら南じゃないか」と聞いたら「鹿児島から上京したからだろ」と言うんで、なんだわかってるじゃないかと思ったのですが。それはともかく、鹿児島の人は独特の感性だなあと思いますね。東京は東や南ではなく北だという感性が面白い。そういう面白い人たちがたくさんいるわけですね。

山崎　いましたよ。

藻谷　うらやましいですね。鹿児島県は田舎は面白いけれど、都市部は東京みたいにちょっとクールなサラリーマン的な人が多いなと思っていたのですが、やはりいるんですね。

山崎　かなりいますね。

藻谷　それはもしかしたら、最近鹿児島も段々貧乏になってきたからかもしれませんね。お金がなくなってきてＮＰＯが増えたのかもしれない。

ノリが良い町、悪い町

山崎　もちろん、全国にはいろんな地域があって、こちらで気持ちを焚きつけないと熱くならない地域もありますよ。

藻谷　例えばどこですか。

山崎　それは…あまり地名を出すのは…言いにくいのですが。でも、そういう所は関西でも多いです。行政に呼ばれて僕たちがコミュニティの話を聞きに行っても「特に問題はないから何もやらなくていい」という回答ばかりな町もあります。しかし、実際には商店街は空き店舗だらけ、小学校も統廃合が繰り返され、耕作放棄地が増えている。町に住む人が自分たちの町の課題をしっかり認識していない場合が多いですね。

その点鹿児島では、天文館という中心市街地で活動しませんかと誘ったら、たくさんの市民が「こんなこともできる」「あんなこともできる」といろんなアイデアを出してくれたことが特徴的でした。他の町だと、中心市街地で活動しませんか？　と呼びかけても、少し距離を置いて、すぐには話に乗らないようにしようと警戒されることが多いのですが、鹿児島の人たちは「中心市街地を楽しくするためだったら何かしよう」とすぐに応じてくれたことが印象的でした。人がいいなと思いました。人がいいという意味では、宮崎県の延岡市もまったく同じ印象でしたね。

藻谷　夏目漱石に『坊ちゃん』の中で「延岡くんだりまで島流しか」と言われて以来、あまりリベンジもできずに衰えている延岡市ですね。

山崎　延岡は旭化成の企業城下町と言われている所です。市内中心部に大きな川が三本流れている町ですね。延岡も市民活動団体が一五〇くらいあって、みんなものすごく熱い人たちでした。ここもいい人たちばかりで、熱い所です。

藻谷　市街地は冷え切った所がありますけどね。一度も講演に呼ばれたことがないけれど。呼んでくれたらいいのに、延岡。

山崎　だから、僕としては、九州の南側はみんなこういう人たちが多いのかなという印象です。

藻谷　飲屋街は元気ですよね。九州の南側は商店街は衰えているけれど、飲屋街は元気だという所が多いですよね。しかし、延岡も行くのが大変な所でしょう?

山崎　延岡は九州の中でも時間距離が一番遠い所なんです。宮崎空港からでも電車で約一時間半、大分側からでも約二時間かかってしまいます。時間距離の地図で言うと、延岡だけ飛びぬけて遠くなっている所だから、ある意味陸の孤島みたいになっていて、

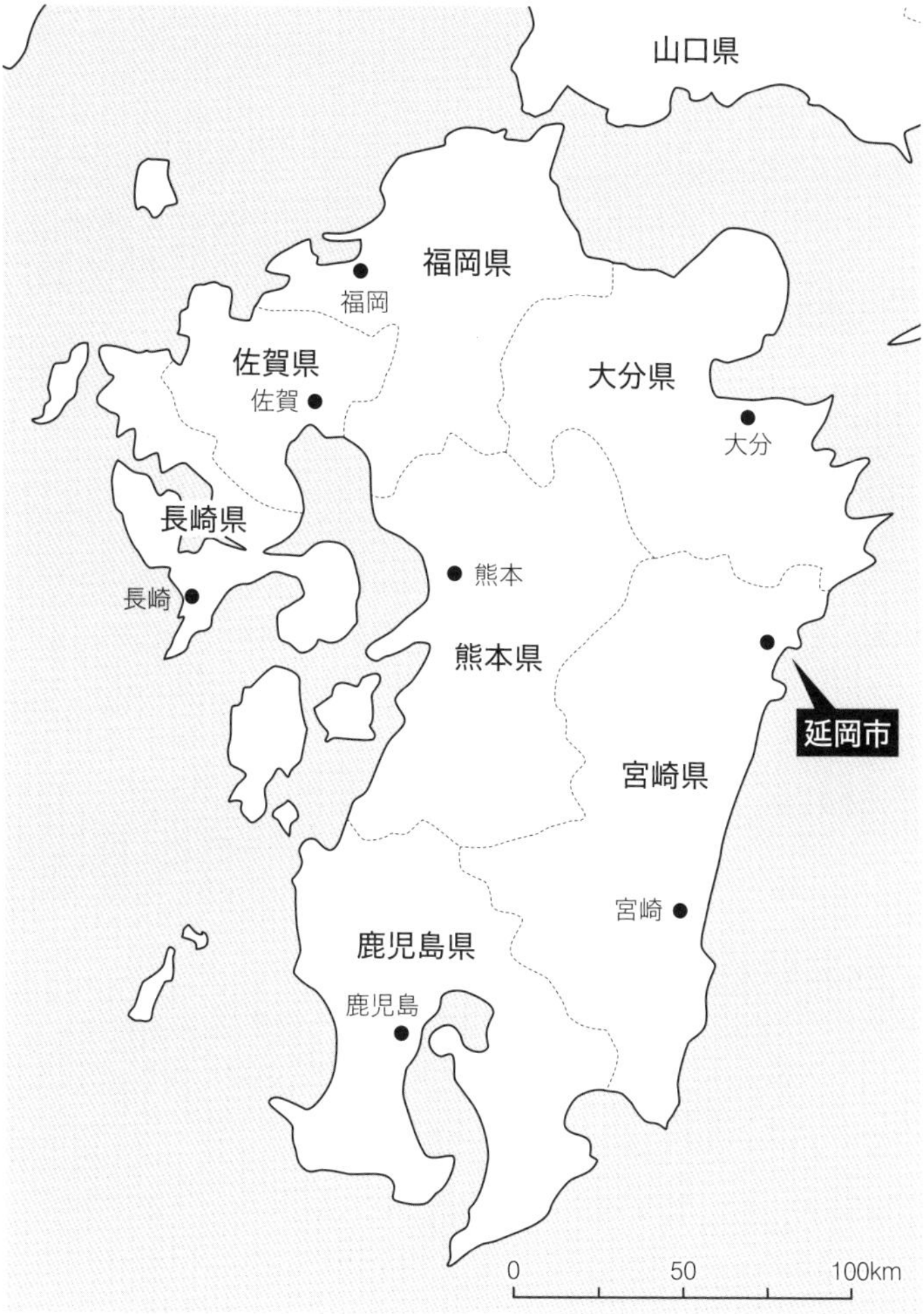
山口県
福岡県
福岡
佐賀県
佐賀
大分県
大分
長崎県
長崎
熊本
熊本県
延岡市
宮崎県
宮崎
鹿児島県
鹿児島
0
50
100km

宮崎県延岡市

ワークショップのようす。延岡駅周辺の広場やアーケード、空き店舗などで活動する市民団体が集まってワークショップを開催。駅周辺を使いこなすアイデアが集まる。

だからこそ中心市街地も疲弊して大変な状況なんです。今、その駅前にたくさんの市民活動団体が集まり始めています。どうせ市民活動をやるのだったら、市内各所でバラバラにやるのではなく、駅前の広場や空き店舗、あるいは駅中、駅近くの神社などを利用しましょう、と呼びかけたのです。そうすると、それぞれの活動団体のファンがさらに駅前へ集まる。その人たちが活動団体のプログラムに参加して、ついでに商店街で少し買い物して帰る。そんな循環をつくり出そうというのが、今延岡で取り組んでいることです。

藻谷　鉄道が機能していない町ですから、普通の人は駅に行かない。それをみんなが駅に行くように、集まろうというアイデアですね。

山崎さんが現場で見ておられる現状がいろいろとよくわかりました。ここで、私から、山崎さんの見ている現実と経済成長率の関係を「実態」という言葉で、少し説明してみたいと思います。

延岡駅前にて、市民団体が社会実験を実施。駅周辺に活動が生まれるとどんな風景が生まれるのかを疑似体験することができた。

2章

経済成長率と実態が合っていないのではないか

一般的な印象と数字の違い

藻谷　地域経済を語る際によく使われる、県民所得の増減という数字があります。この図で右側に位置する県は戦後最長の好景気と言われながら「実感なき景気回復」と言われた二〇〇一〜〇六年までにその県民所得が増えた県です。数字上、経済成長したとされる県ということになります。それに反し、経済成長しなかった県、衰退したと言われる県が左側にあります。これがまた一般的な印象と数字が違うところがあって、例えば青森県なんて誰も成長したという印象がないのに、数字上では成長したことになっているのです。東京より成長している。私の出身県の山口県も、経済成長では僅差で東京を抜いていたりして笑っちゃえる話です。山口県人は誰一人そんなことを実感していませんよ。

かと思うと、ひじょうに元気の良い人たちがいろんな取り組みをしている高知県は数字上では、お約束通り衰退した県になっています。都会からの移住者も多い長野もそう。海士町がある島根県も特に衰退著しい県だそうで、思わず「本当ですか」と言いたくなるでしょう？

「経済成長」と消費の関係

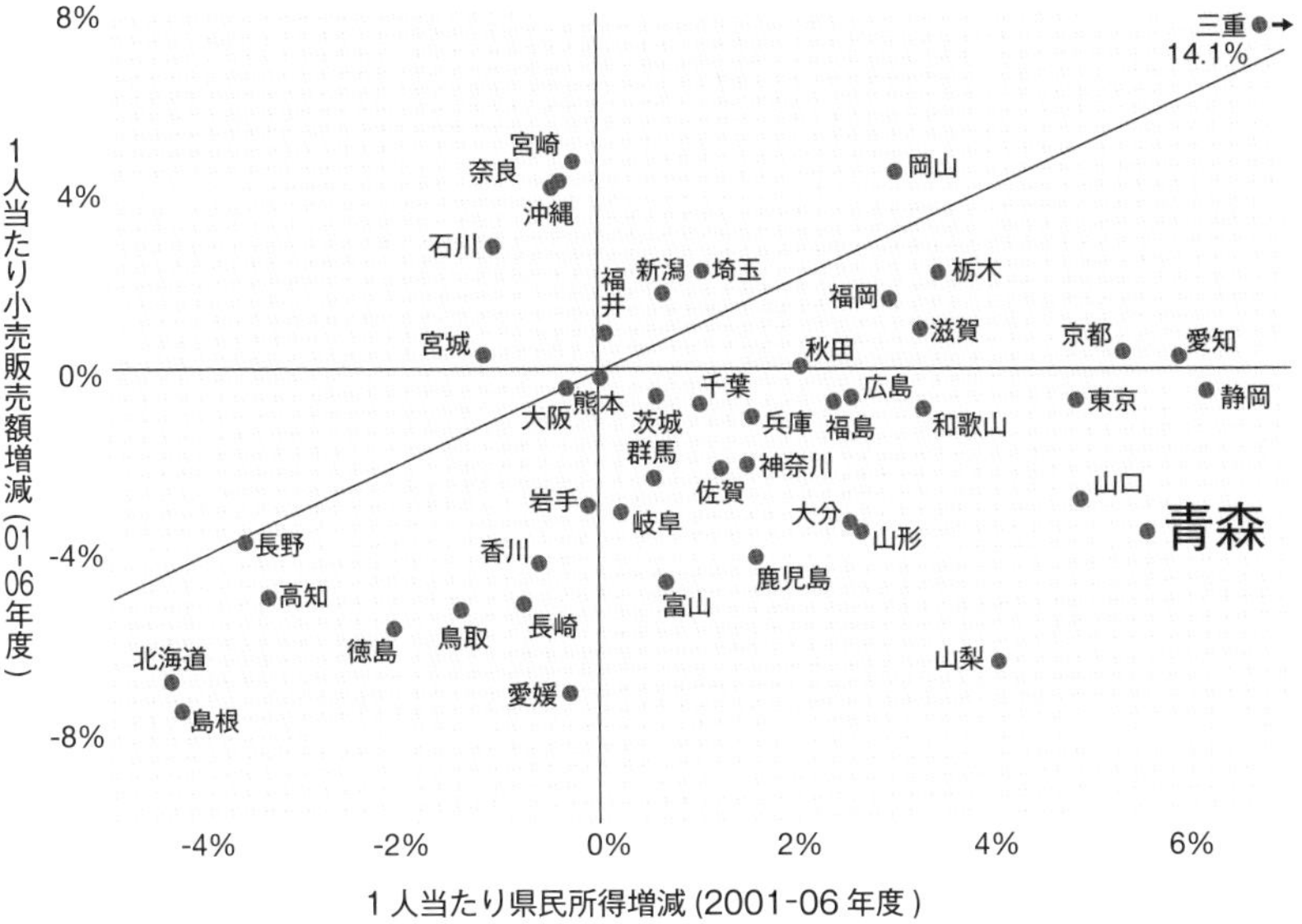

全国と青森の成績表（1人当たり県民所得と1人当たり小売販売額「戦後最長の好景気」期における比較）（資料：内閣府「県民経済計算」／経済産業省「商業統計」／総務省「住民基本台帳人口」より藻谷が作成。小売販売額には県内本社の通信販売会社の全売上げを含む。ただし長崎はジャパネットたかた、香川はセシールとシムリの売上を除いた数字）

鹿児島県は実はこの指標で見ても成長しています。ですけど、住んでいる人は全然実感はないですよね。その最たるものが愛知県で、外で言われているのと違って衰退はしていないけれども成長している実感もないという住民がほとんどでしょう。

他にも、この数字で成長しているとされている青森県、和歌山県が元気があると思われますか。東北六県で一番元気がないのが秋田県でも山形県でもなくて、仙台のある宮城県、本当にそう感じますか。この数字はものすごく変でしょう?

経済成長の話というのは、このように難しい計算をして出した経済成長率と本当の現実が一致しないことに第一のずれがあるんですね。経済計算の専門家は私より詳しく知っていると思いますが、それぞれの県レベルの計算なんて仮定の積み重ねの上に成り立っているもので、現実と一致する方が難しい。日本はサービス産業関係の統計が未整備なので、国レベルの数字だって怪しいものです。そういう怪しい数字を見ただけでわかった気になると危ない。現場に行っても自分の先入観に合うことだけしか理解しようとしないと、現実が見えなくなるという罠に陥る危険があります。まずはこの経済成長率の計算自体に限界があるんだなということを理解しましょう。

しかし、鹿児島が成長していると出たことは、意外に本当のところを反映しているなと思いました。黒豚や焼酎などが全国ブランドになったことが、そういう結果につながっているのかもしれませんね。ですが、経済成長率の計算が正しくて、正確な数字が出たとしても、それが住んでいる人のそれぞれの実感に一致するかというと、全然一致しません。経済計算の数字は、仮に正しい場合でも学校のクラスの平均点みたいなものだからです。「あの学校はできが良い」、だからといって、そこに自分が転入したら急に勉強ができるようになると思いますか。クラスの平均点が下がるだけですね。要するに経済成長率というのは個別の数字の結果として出てくる平均値なんですよ。平均値が個別の数字を引っ張るという方向の因果関係は普通はあまりありません。ところが「経済成長率が高い地域に行けば、あなたも成長できますよ」と、ある意味ユートピアチックなイデオロギーが入ってしまうことがあるんですね。本当は、経済学の語っていることはすべて相関関係であって因果関係ではないので、いつも注意しなくてはなりません。

だから、仮に経済成長率が正確に出たとしても、その数字は個人の実感とは当り前にずれるものなのです。さらに、経済成長率の高い地域で個人がお金を稼いで経済的に潤っていれば、その人は本当にハッピーなのかというところが、またずれるわけなのですよね。

山崎　そうですよね。まさにそこが知りたいのです。

藻谷　そこのところは、「経済成長率は幸福度とは違う」という話ですが、そういう感情面に及んだ話をする前にも、さらにもう一つのステップがあります。経済成長はフローを示す数字だということなんです。数字には、フローを示すものとストックを示すものがありまして、この二つは常に意識して区別しなければなりません。あくまでもたとえ話で言えば、去年に比べた年収の増加率のようなものが経済成長率ですが、そういう数字が大きかったからといって、その人が本当に豊かだということにはなりません。これまでにどれくらいの蓄積があるのかということは、今年の収入とはあまり関係のないケースが多いですよね。増加率なので、年収が大きいほど少なめに出てしまいますし。

実は同じ日本でも場所によって、ストックがひじょうに豊かにある所と、ストックを摩耗させてしまって日銭がないと生きていけない地域があるのです。ストックがきちんとある所はそんなに日銭がなくても幸せに生きていける。みんなが家や農地を持っていて、海産物にも恵まれたさっきの海士町なんかがそうですよね。鹿児島もそうなんです。今は目先では儲かっていないけれども、人材のストックがちゃんとあり、償却の終わったビルもあって、ある程度の購買力のある層がいる。そういうストックがあると、所得が低い県でもそのストックで食いつないでいけます。

一方で、すごい年収があるように見えても、その多くがよそへ流れ出して地元にストックとしては溜まらないという典型が愛知県です。工場がいくら並んでいても、その生み出す収入が消費として地元に還元されにくい、文化として蓄積されにくい地域です。昔の繊維産業全盛期のストックはあるのですが、最近の自動車産業の生む富がなかなかストックされていかない。そういう所は経済成長していても弱いです。

京都と大阪で言うと、戦争で丸焼けになってストックを丸々失って出たとこ勝負をしなければならない大阪と、京都みたいに全然焼けていない所では、やはり町としての地力が違いますね、京都は強いですよ。

今までの話を整理すると、まずは①仮定を積み重ねてつくられた経済成長率の計算が実態とずれてしまう。次に、②経済成長率の計算が仮に正確にできたとしても、それは平均値の話なので、そのなかにいる個人個人の富の増加ペースとはずれている。さらに、③経済成長率が本当に高い地域に成長を実感できている人がいたとしても、そこで測っているのはフローであって、過去にその人がどれだけストックを蓄積できているかという話ではない。その人の暮らしている地域にどれだけのストックがあるのかという話もこの数字には出てこない。これは青森の例を出すとわかりやすいでしょう。ストックが少ない県なんだけれども、さっきのグラフ（73頁）の時点では核燃料サイクル基地の建設がピークだったことから、たまたまフローが大きくて経済成長率が高くなったのです。おしまいに、④経済的にストックがあってかつ成長していたとしても、その人が人間的に幸せになれるとは限らない。このように数字と実感の間には、四重のずれが生じてしまうわけです。

では、どんなストックがあれば豊かと言えるのか

藻谷　さらには③のところの話にもう少し立ち入ってみると、ストックを数字にして比べられるのか、という話もあるわけですよ。ストックにも、お金で溜めたストックと、見えない、いわゆるソーシャルインフラのようなストックがあります。これは、例えば人と人とのネットワークですよね。

山崎　そうそう、熱い人が多いとか。

藻谷　まさに、そういうことです。あるいは、「昔そういう人がいた」ということを地域の人々が覚えていて、いつかそういう人物になりたいということを思っているとか。そういうお金に換算できないソーシャルストックというものがあるのです。

そうしたソーシャルストックの高い地域の典型の一つが鹿児島です。いざとなったら吹き出て維新をやってやるぞという気風がありますよね。

山崎　西郷さんみたいな人物になることですよね。

藻谷　もう一つは、さっきの家島のような所です。稼いでも稼いでも島外で使ってしまう、島内のストックにならない因果な地域なんだけれども、何かあったら漁師をし

ながらまた新しいことを見つけて頑張ろうみたいな、得体の知れない元気があります。

山崎　ありますねえ。力強さを感じます。

藻谷　何というか、すごく利に聡《さと》い地域ですよね。だから、意地張ってもしょうがないと思ったら、さっさと姫路と合併してしまいます。でも姫路の一部になって大人しくしているかと思えば、島の中だけで勝手に地域活動しているでしょう？　山崎さんを呼んできて、不穏な分派活動をしちゃってるでしょう？　お金の面倒は姫路に見てもらって、自分たちの楽しい地域づくりは勝手にやっている、正にこれは漁師文化だと思いますよ。そうした文化が悪く出ると先のことを考えないで無茶苦茶な地域になってしまうんだけど、良く出るとノリが良く、次の手を次々と打って出る。それは、地域の伝統というか、気風というストックですよね。

マクロ経済学原理主義に気をつけよう

こういうソーシャルインフラのようなストックは、経済力の計算には入れようがないわけです。その増加も経済成長率には反映しようがない。

そういうわけで、五重くらいに経済成長と実際のパワーがずれるんです。これだけずれていると五つの関節がついているマジックハンドで物を掴もうとするみたいなことですよ。途中で曲がったりして、とても物まで届かない。だから、数字と現実は不可避にずれる。これはちょっと足を延ばして現地に行って経済を見ていればわかることなのに、世の中には「すべては経済指標に反映されるのであって、それ以外の要素には意味がない」と言い切ろうとする傾向が残念ながら残っています。

そういう場合はまず、「金銭換算できないストックはない」と考えてしまいます。ホリエモンじゃないけど、お金で買えないものはないというわけです。逆に言うと、すべてのものが金銭換算できるという前提で学問が成り立つのだから、金銭換算できないことを持ち出されるとじゃまになるわけです。

だから、山崎さんのお仕事はきっと「金銭換算できないコミュニティデザインなんか意味がない。存在自体が目障りだ」という理解になってしまうでしょう。

山崎　なるほど、あははは。やばいなあ。

藻谷　そして、その次に「ストックがいくらあったって、フローがなければ人間はハッピーじゃないんだ」ということになります。貯金がたくさんあったり、過去に立派な建物を建てたとしても、今、投資がない地域は遠からず滅びると。ストックを維持するにはフローが不可欠だから、今、経済成長しなければいけないんだというような一般論です。

だけど、成長せずともトントンであればストックが維持できるかもしれません。事実、ここ二〇年の日本全体がそうです。成長せずにどんどん他国に抜かされていると言う人がいますが、実際外国に住んでみれば、いかに日本が恵まれた状態か痛感しますよね。それに成長するにしても「毎年毎年同じ率で伸びなくてもいいんじゃないですか？」と思いませんか。

山崎　そう、本当にそうです。どこまでやらなきゃいけないんだろうと思いますね。

藻谷　走り続けなくても、たまには休んで、一年寝転がって考え直したっていいじゃないかと思うでしょう？

山崎　思いますよ、僕も。

藻谷　ところが、マクロ経済学原理主義的な考えに陥ると、毎年収入があって毎年経済成長がないと落第生なんだと考えてしまうのですよ。何でも年単位以下で考えるということがいわゆる本や学校で習ってきた手法だからでしょうか。

さらに、「平均値と個人は違う」と言う点についても、「個人ではなくマクロの話なのだ」ということになるんです。個人なんか知ったことか、平均値さえ良ければいいんだということです。その背景には、すべては平均値に向かって収斂するものだという思い込みがありそうです。

これはちょっと難しい話ですが、この考え方の間違いを知っておくことは社会的にものすごく重要なので説明しておきます。つまり、マクロの話だけで満足してしまい、「平均側にものは引っ張られる」というイデオロギーを持ってしまう危うさです。マクロが豊かになれば個々人も豊かになる、景気が良ければみんなが儲かる、という一種の思い込みですね。

山崎　へえ。

藻谷　イデオロギーと私が言ったのは、これは数学的、物理学的事実ではないからです。ですがどうもこのイデオロギーを持ってしまうと、「ものごとは正規分布する」という間違いを安易に信じ込んでしまうのです。確かにみんなが平均を目指していると、いろんなものが左右対称の山の形に正規分布することになる。経済系の学問の世界でも、何でも正規分布することを前提に安易に組み立てられたモデルが横行しています。しかし、実はこの考え方は統計学の基本がわかっていない。ほとんどのものごとは正規分布しません。

みんなが平均を狙っている場合には正規分布します。例えば、ダーツを投げて全員が的の真ん中を狙っている時は、当たった場所と的からの距離は正規分布します。しかし、どこを狙ってもいいよというルールだったら、全然正規分布しないんですよ。同じように、個人のテストの成績も正規分布しない。平均値は少数派で、大体は平均値より良い奴が多いか、悪い奴が多いかのどちらかです。だから正規分布を前提にした偏差値を使うのは、本当はナンセンスです。普通のものごとは必ずそうなるのです。つまり、平均値に全員が引っ張られて、平均から離れるほど少なくなるという現象は世の中にはほとんど存在しないのです。

山崎　そうですよね。マーケティングでも、アベレージマンと言って販売のターゲットを平均化した人物像を想定しますよね。「三五歳の女性でブランド好きの事務職で、マンションのワンルームに一人暮らし。月に一度は海外旅行へ出かけて…」という人を設定するわけですが、ぴったり一致する人がいるのかというとむしろほとんど存在しないわけですよね。

藻谷　ＡＫＢ48の合成顔みたいな話ですよね。それぞれのメンバーから一番可愛いパーツを集めて一人をつくっちゃうんだけど、なんとなく個性がない顔になってしまうんですよね。合成顔だから魅力的じゃないんです。実際はアイドルグループのなかでも一人ひとりは個性化していくので、似たような顔にはなっていかない。ＳＭＡＰだってもう長いこと活動しているけれど、同じように歳をとっても、みんなの顔が似通ってきたなんてことはないでしょう。

世の中はそういうもので、一定程度の人は平均に寄ってくるんだけれど、逆に平均からどんどん離れていく人もいるのです。だから全体の平均がこうだからといくら言われても、個人の問題は解決しないのです。経済学者のほとんどを占めるまともな人たちは、よくわかっていて、むしろミクロの違いを掘り下げた研究をしています。平均を上げることが個人の問題の解決につながる、平均から外れていく個人の問題など知ったことか、という思考は、経済の話に限らずさまざまな場面で現実を無視する態度につながっていきます。

平均値だけで語ることの無意味さ

今放射能汚染の問題があるじゃないですか。どのくらいの害があるのかを聞いても、学者がはっきりしたことを言わないからみんな怒っています。でも過去にはっきりしたデータがないから、言いたくても言えないのですよ。ひどい話だけれど、福島の事故で、初めて正確なデータが人類の財産として取れるようになったのです。今まではるかに汚染度の高い広島と長崎とチェルノブイリのデータしかなかったから。今回のようにごくごく低レベルで放射能を浴びた人がこれからどうなるかは、本当にわからないのですね。爆発当初に放射性ヨウ素を浴びた子供さんが何十年かの後に一〇〇〇人に一人、場合によっては数百人に一人ガンになるかもしれませんねというような推測はあるかもしれませんが。でも、一〇〇〇人に一人、数百人に一人という数字は、平均で表せばゼロに近い、ほとんどいないということですよ。逆にまったく放射能の飛んでこなかった所に住んでいても、親がタバコを吸っていてその伏流煙でガンになる子供の方が何倍も多いでしょうね。毎日一箱以上タバコを吸っている人の三人に一人は肺ガンで死ぬわけですから、放射能よりはるかに影響は大きいのです。しかし、仮に一〇〇〇人に一人、爆発当初福島にいた子供さんが、親もタバコを吸わず子供も元気だったのに、ある日突然に白血病になったとします。その家族にとって、「平均で言うとゼロに近い」という数字には何か意味がありますか。何もありません。逆に言うと、一〇〇〇分の一の確率でしか起きませんから放射能汚染は気にしないでおきましょうと言えるかというと、言えませんよね。だから、個人の命という重要な問題になればなるほど、平均値なんて本当にどうでもよくなるのです。

他の例で言いましょうか。陸前高田の話です。陸前高田では市街地の九六％の家が流されました。本当に空前絶後のひどい状態ですが、そういう状況下で市民がどのくらい亡くなったかご存知ですか。数字で言うと、市民の一割未満です。平均で言うとたったの一割未満なんだから、大した災害じゃなかったんだなと言えるでしょうか。

みんな、誰かしら肉親や友人や知り合いを亡くしている。心の傷ははるかに深いのです。平均は平均でしかなく、個々の事実はそれとは別に存在する。

実際問題、マクロ経済学は平均の意味を過大評価しがちな人間がついついはまる学問です。教養として知っておく分には構わないのですし、使いこなせる本当のプロももちろんいるのですが、趣味としてはまって己のアイデンティティにしみ込むところまで肉化してしまうと大変です。平均ですべてが語れるというイデオロギーに染まった果てに、自分は何でも見通せるという、得体の知れない全能感に満たされて、とんでもなく浅はかなことを言い出しかねない。

山崎さんのように、平均をつくる気がまったくない人間にはなかなか理解しがたい話でしょう。日本中の町で同じようなコミュニティデザインをして、山崎イズムのまちづくりなんて考えられないでしょう。

山崎　頼むから止めてくれと思いますよ（笑）。

藻谷　同じことをやっても、違う結果になるものですよね。

山崎　そう思いますし、同じことってなかなかできるものではないという気がするんです。実は、「コミュニティデザインの教科書」をつくって欲しいともよく言われます。コミュニティデザインに関する本を書きましたが、「これは個別の地域に対して特殊解を出しているだけでしょう。でも山崎さんのなかで共通したやり方があるだろうから、それを手順としてきっちり書いた教科書を出して下さい」と言われるんです。でも、実はそういう平均的な手順なんて僕のなかにはないんですよ。どの町も独特で、目指すところも違っていて、だからやり方も違ってくる。

藻谷　そう、絶対にそう思いますよね。裏にすごい苦労があったことを全部無視して、成果だけを抜き出して書いてあるものってあるじゃないですか。安直な人が読めば同じことが簡単にできると思うでしょうけれど、ほとんどの読者は「肝心なことを全部省略してるじゃないか」とわかるでしょう。ぜひ、途中経過と手順を教えて欲しいとは思うでしょうね。

山崎　教科書的な本を書こうとしても、すべてに共通したやり方なんて僕らは持っていない。だから、その時々でヒアリングするなかから「今回はこういうやり方でやろう」ということを思いついて、それを最初に試してうまく行きそうだったらさらに先に進むというやり方です。最初の方でちょっと違うなと思ったら、そのずれを補正しながら、その時々のオリジナルの方法をつくって進めます。

藻谷　ＮＰＯが五〇もない所もたくさんあるでしょう。人間の数だけで五〇人くらいの離島とか。

山崎　そうなんです。そういう離島に入った時、「まずは五〇のＮＰＯのヒアリングから始めましょう」という教科書を読んでも意味がないです。そういう意味では、藻谷さんの仰る通り僕は平均値を目指したい人間ではないだろうと思いますね。むしろ、その場所その場所でのやり方を開発していくこと、特色のある活動が生まれてくることに喜びを感じるタイプだと思います。今の話の流れでいくと、経済学が自分の血や肉になるタイプの人間ではないのかもしれない（笑）。

藻谷　ただ、今までの程度の議論で、そう簡単に経済学が引っ込むわけではないところがすごいのですよ。この後も、経済学の側からはいくらでも突っ込みどころが出てきます。私はそちら側から山崎さんに突っ込んでいきつつ、話を進めていこうと思っています。

そもそもコミュニティデザインとはどこから出てきたのか

藻谷　例えば、経済観念が少しでもある人であれば、「じゃあ君の会社は、面白そうだからと言われた所にスタッフを売り込んで、現地の人とさわやかに汗を流して帰って来るだけなのか。嘘つけ！　いくら何でも会社をやっている以上、お金にならなければやらないだろう」と突っ込んでくるでしょう。じゃあ、そんな「仕事」でなぜ地元はお金を払えるかというと、経済力があるからだろうという議論になってきますよね。

山崎　なるほどね、確かに。

藻谷　君たちがどんなに面白いコミュニティになるからといって、ニューギニアの奥地に行ってお金にもならない仕事をやれるのか。人間的にはシンクロできて仲良くなれるかもしれないけれど。

山崎　事務所としては経営できないですよね。

藻谷　大体コミュニティデザインという言葉はいつからあったのか。昔からあったのかもしれないけれど、仕事としてできるようになったのは一九九〇年代以降じゃないかと推測していますが。

山崎　そうですね。今の形のコミュニティデザインをやるようになったのは、一九九〇年代後半からじゃないでしょうか。

藻谷　そこでは、「やはり日本が一度バブルを経験して豊かさが国内の隅々にまで行き渡ったからじゃないのか」という突っ込みが出てくるかもしれませんよ。

山崎　それはあるでしょうね。本の中にも少し書いたのですが、もともとコミュニティデザインあるいはコミュニティプランニングと呼ばれる仕事は一九六〇～七〇年代に一度アメリカから輸入されているのです。その時、アメリカで言われていたコミュニティデザインあるいはプランニングというのは、ニュータウンをつくる時に知らない人たち同士がどうやってコミュニティをつくるかを目的としたものでした。つまり、地縁型のコミュニティ、自治会をどうつくるかというものでした。

藻谷　ははあ、アメリカにもそういう努力をしている町はありますね。

山崎　その努力がどういうものだったかというと、みんながどうしても共通の場所を通らないといけないように住宅を配置していく、あるいは同じ道を通って家に入る、またコミュニティセンター、コミュニティ広場なるものをつくってみんながそこに集まるようにしてみる、などなど。つまり、物理的な空間の配置で、見ず知らずの人たちがなんとなくつながっていけるように考えるのがコミュニティデザインだったりコミュニティプランニングでした。

ただそれが三〇〜四〇年経つ間に、日本ではまあまあ経済成長してニュータウンも一通りでき、人口もガンガン増えていく時代ではなくなり、むしろニュータウンの中から少しずつ空き家が目立ってきました。そして九〇年代後半から二〇〇〇年にかけて、もう少し違うタイプのコミュニティデザインが必要ではないかという気運が生まれたのだと思います。その時に問題となっていたのが、孤独死だったり隣に誰が住んでいるのかわからないという状態でした。それはある種の犯罪につながったりするかもしれないし、そういう人びとのつながりのなさが問題になってきて、これはもう住棟配置をどう工夫しても解決できるものじゃないなということが見えてきたのです。ハードだけで人のつながりをつくるのが難しくなってきて、ＮＰＯの人たちと協働しながら、ソフトのアイデアで直接、人と人とをつなげていかないといけない時代になってきたのだと思います。

だから、ハード中心の時代にもあった「コミュニティをつくりたい」という目的は一緒なのです。しかし、ハードでつくることのできるコミュニティは一通りでき上がって、それでも残された無縁社会や孤独死などの問題を、ソフトの面から解決したいと考えたのが新しい意味合いを持つコミュニティデザインという言葉です。その前提として、一定程度の経済成長を経験して、町のハード面におけるストックがあって、ニュータウンのようにある程度人が暮らしていける状態が担保されたからこそ、僕らの仕事が求められるようになったという点については、ご指摘の通りだと思います。

藻谷　ひじょうに謙虚なお話でその通りだと思いますが、経済成長があったことがコンサルタントという面白い人種や文化的なことに興味のある人を増やしてきたということは大きな流れとしてはあるわけですね。やはりある程度の経済成長はあってよかったと、それはわかりました。もう少しよく見てみましょう。

3章

「いつまでも成長し続けなければならない」ってホント？

あるポイントを過ぎれば、年収が伸びても豊かさの実感は伸びない

藻谷　このグラフは、日本の税務署が把握した、税務申告された個人所得の合計の推移です。先ほどまで話していた国民所得や県民所得とは違って本当に個人の懐に入ったお金の増減がわかるわけです。概ね横ばいに見えますけど、実はグラフの左の方の一九九一年あたりまでは、ものすごい勢いで増えて来たんです。それがバブル崩壊の少し後からぴたっと横ばいになってしまった。九〇年代の半ばに日本人の豊かさがとうとうあるクリティカルポイントに達したとも言えますよね。経済成長をしてきた結果として、フローの年収ベースが先進国の水準に達した。でもその後は伸びない。とはいえ一応は先進国の水準には達したのです。

経済成長をしないといけないと考えると、この水準がもっともっと伸びていくはずだと主張することになるわけです。確かにアメリカのように、このポイントを超えても伸びが続いているように見える国もある。だからこれが横ばいになっているのは中国に負けたからだとかなんとかと議論が出てきていますが、でも今山崎さんが言われたことは、山崎さんのような活動ができるようなところまで経済が成長したというこ

とですよね。九〇年代に達成されたレベルまで来ると、もうそんなにすごい勢いで年収が伸びていかなくても、ある程度先進国にふさわしい市民活動が出てくるということなのですね。経済学には「限界効用の逓減」という一般則があるのですが、年収が伸びて来ることで個人も社会もどんどん豊かになりますが、ある程度のポイントを過ぎたらそれ以上年収が伸びても豊かさの実感はさほどは伸びない。

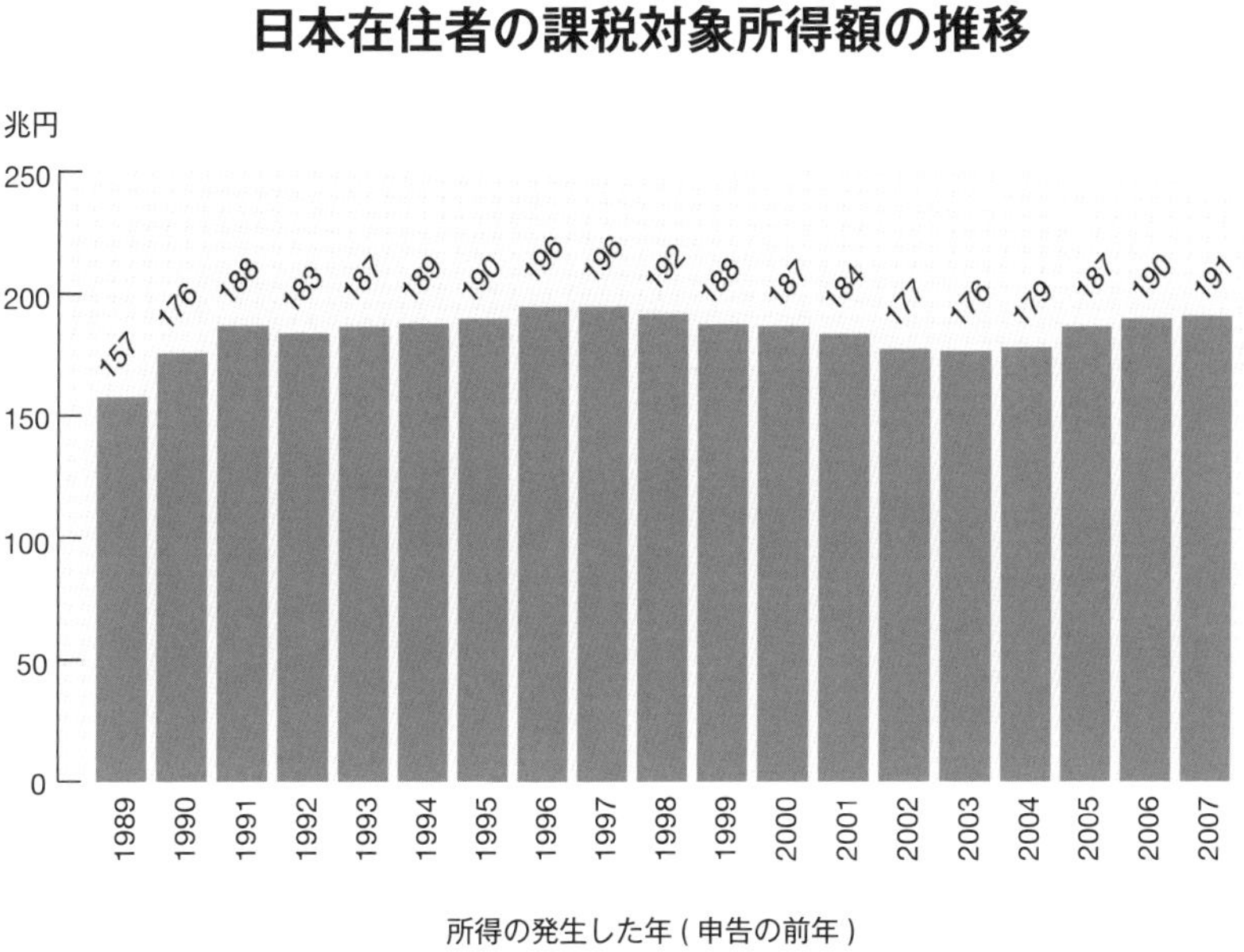

1989 ～ 2007 年の個人所得の推移（資料：総務省「市町村税課税状況等の調」より藻谷が作成）

つまり踊り場なのかゴールなのかわかりませんが、ある程度落ちつくところまで行ってしまったということです。お金の成長だけを続けるよりも、今後は金銭換算できない価値を増やしても良いくらいまでに世の中が成熟してきたんじゃないかということも言えるのですね。

実際問題、山崎さんのコミュニティデザインに声がかかり始めたあたりから、世の中では「お金もいいけれどもっと内面の充実が図れるはずだ」と思う人が増えて来ているわけです。確かに年収も伸びなくなっていますが、別に負け犬の遠吠えではない。とはいっても若い人ほど年収右肩下がりという新たな現象の直撃を受けたと言えるのが、ちょうど山崎さんの世代に当たるんですよ。この頃に就職して世の中に出た頃は給与水準も右肩下がりだったはずです。

山崎　そうなんですよ。僕が就職した頃は、それまでで一番の氷河期でした。

藻谷　実はそれにも理由があって、『デフレの正体』に書いた「人口の波」が背景にあるのです。これはご存知かも知れないけれど、今は横に置いておきます。ホリエモンじゃないけれど「お金で買えないものはない」という風にみんなが思って、買いたいものはあるけれどお金がないから手に入らないと思いこんでいた時代には、とにかくお金が欲しかった。ホリエモンという存在には、その一歩遅れた残響のようなところがあります。でもある程度お金が手に入り我に返ってみると、お金で買えないものがたくさんあるということに気づく。そしてそっちも欲しいなと思い、そのうちにお金ばかり稼いでいる場合じゃないなと思い始める。そういう風に社会が多様化してきた。山の頂上まで登った瞬間に、視界がわっと開けてしまったのです。もう上はないのだけれど、ふっと見ると自分が登った山の隣には低いけれどもっと綺麗な山があったり、楽しそうな草原や湖がたくさん目に入ってきたんですね。じゃあ、あの湖まで下りてみようかなんて考える。そういうことが急に見えてきたのが、実はバブル崩壊後の時代だったんですね。

つまり、あるところまで行くと「限界効用」が逓減してお金を稼ぐことによる効用、個人にとっての新しい価値が乏しくなってくるということを、経済学を使う人も認識していなくてはならないのです。確かにアダム・スミスが二〇〇年以上も前に本（『道徳感情論』『国富論』）に書いた時は、世界中がとてもそんな状態ではありませんでした。ただアダム・スミスは天才だから、いずれみんなが豊かになった時は世の中はこうなるだろうということも書いていたらしいですね。イエス・キリストだって「右の頬を打たれたら左の頬を出しなさい」と説いていたのに、いつの間にか後世の人々は神の名のもとに戦争をするように変わるわけじゃないですか。経済学も同じように、始祖は先を見通していたのに、後の弟子がどんどん話を狭めていっちゃうんですね。結局いつの間にか、アダム・スミスが描いたような「いつか経済が成長してみんなが豊かになり、人類が殺し合うことはなくなる」という世界観から、「成長しろ」ということだけがイデオロギーとして取り出されてしまったんです。

山崎　はあ、成長し続けろというわけですか。いつの間にか、アダム・スミスの考えの一部だけが大きく取り出されてしまったわけですね。

もし、経済成長至上主義者に怒られたら

藻谷　そう、時代が下った世界の辺境国「日本」では、いつしか経済学を学ぶと同時に成長至上イデオロギーに染まるということが習いになってしまった。これは、小説

やＳＦで繰り返し出てくるモチーフですよね。「銀河鉄道９９９」でも死んだ女王様へ貢ぎものを届けるため、人々を永遠に搾取する国という話がありました。主人公の鉄郎が王宮の中心にたどり着いたら、女王様はとっくに死んでいて偶像の塔だけが立っていたという話です。

こういう経済成長至上主義者は「本当に経済が成長しなくなって、経済ががたがたになったら山崎さんを雇う奴なんていなくなるよ」なんて言い方をします。これにはどう返します？

山崎　そういうことは、けっこう言われますよね。「地域の経済から言うと、まちづくりをやるのも良いけれど地域が潤わないといけないから、あんた方の活動はどういうお金を生み出すんだ？」ということは言われます。そういうことを言われちゃうと、僕らは「やってて楽しいとか、信頼関係ができた、小さなコミュニティが自分たちの自己実現につながるんだからそれで良いんじゃないですか」と言うと、「そうは言っても、お金を生み出さなければ、あんた方に払えないよ」という話はどうしても出てきます。

藻谷　そこまで経済学にはこだわらない人からも、「結局、都会人が払った交付税がめぐりめぐって、お前の懐に入っているんじゃないか、コノヤロー」と言われて怒られることもあり得ますね。

山崎　ははは、そういうことでしょうね、きっと。

藻谷　だったら、そういう二〇〇〇人しかいない寒村で連中が遊んで楽しく暮らせることを支援する暇があったら、何百万人もいる都会に来てそっちの多数派の手伝いをしろ、コノヤロー。…と言われたらどうします？

山崎　困っちゃいますねえ。どうしましょう？

藻谷　今の話は一見、理屈としては通っているんだけれど、お金を出している都会と、都会からお金をもらっている田舎と、両方の現場の生の姿を知っている山崎さんとしてはどこか割り切れないでしょう？

山崎　ええ、何かねえ。

藻谷　一瞬正しいように聞こえるんだけれど、本当の現実に照らせば明らかに間違っています。どこが間違っているのでしょうね。

山崎　どこだろう？　いやあ、わからないなあ。

藻谷　そうですよね。このことについては、多くの人が底の底までは考えていないので、きちんと世の中のコンセンサスもできていない。だからまずは具体的な例で語らざるを得ない。ちょっと細かくなりますが説明してもいいですか。

山崎　はい、お願いします。

地方自治体と交付税のからくり

藻谷　一つは、そもそも海士町のような小さな町の役場は国から配られる地方交付税交付金なしには何もできないんですよ。ですが、それはそもそも海士町自体にとっても二三〇〇人が生きていくほどの産品も何もないから、そういう仕組みになっているんだと言われたら、これはどう思います？

つまり海士町に行かれて、本当のところ二三〇〇人の現代人が暮らしていけるだけの富が生まれているのかを感じたかどうかです。たぶん、海士町の税収で地元から上がってくるものは一割もないはずです。九割くらいの資金を外から運んでこないと、人間が生きていけない地域のように思いましたか？

山崎　はい、そう思いますね。

藻谷　そうしないと、人びとは食えない？

山崎　これは海士町だけでなくどこへ行っても思うことです。家島もそうでした。これは昔、二万人くらいいた頃からするとだいぶ人口が減ってしまったせいだという話をされるんです。それっていつの話かというと、昭和二〇～二五年くらいのことで、そこから人口がざーっと減ってしまうんですが、それでももっと前は人口は少なかったはずなんです。どこかの段階でものすごく人口が増えたのではないか。

藻谷　そうです、明治以降、昭和三〇年くらいまでです。

山崎　そうですよね。その後、また人口が減る時代になったのですが、これは実は適正人口に戻っているんじゃないかと思うことも多いです。

藻谷　仰る通りです。ただ海士町には二三〇〇人の人口があるとして、そこには二三〇〇人が食える実入りくらいしかないと思いますか？　つまり、海士町は財政の一割しか地元で賄っていないとすると、本来はそのくらいの人口しか賄えない島なんですかね。

山崎　いや、もっとたくさんは養えますよ。

藻谷　そこは実は大きなポイントなのです。最初に「海士町は豊かな島です」と仰いましたよね。もしも、経済の数字なんか知らずに海士町に来て、実際に島の暮らしぶりを見るととても貧乏には見えませんよね。

山崎　そうですね。

藻谷　それは都会人の理屈で言うと、お前たちの財政の九割を都会人がみてやってるからだということになります。しかし山崎さん、島の人全員が財政に頼って生きているように見えましたか？

山崎　見えないですね。

藻谷　そうなんです。これは仕組みの問題なのです。財政の九割を国に頼っているから存続できないのかというと、ある意味、国からお金をもらわないと存続できないようにすべての市町村の仕組みがつくられているのです。だから、お前の市町村は国から九割お金をもらって独立できない田舎だと言うのは、まるでどこかに国から一〇〇

%お金をもらわずに成り立つ市町村があるかのごとき言い草なんですよ。

　実際、そんな言い方をする人は本当にそう思っているんですよね。例えば、愛知県豊田市は国からお金をもらっていないに違いないと思っている。トヨタの本社があって莫大な税収があるんだから、ここは当然国からのお金なんてもらってないだろう……と、大抵の人は思いますよね。しかし、豊田市でも使っているお金の半分程度は国や県から来ています。なぜかと言われても、そういう仕組みなんですよ。

　つまり、トヨタから上がった多くの税金がそのまま国や県に行き、豊田市が何かしようと思ったら全部自腹でやらなくても、一部は国や県が出してくれるという風になっているんです。国が出してくれるというならもらいに行きますよね。余れば貯金しておけばいいのですから。だから、どんなに財政が健全な自治体でも、使っているお金の半分くらいは国や県から出ているのです。

　ですから海士町が自分の所の税収は使っているお金の一割だと言っても、そのあたりはまず底上げして考えないといけないのです。どの自治体も半分以上は国からのお金なのですから。

税収を生む産業、生まない産業

藻谷　しかしそれでも「五割を割り引いたとしても、後の四割はやっぱり自分の所からは出してないじゃないか」と言われることがあるでしょう。ここで考えないといけないのは、税収を生む産業と産まない産業があるということです。

日本の税金は取りやすい所から取るというシステムになっていますので、とりあえず個人であればサラリーマンから取るという風になっていますよね。自営業者が本当に正確に払っているかどうかは、その人が正直で真面目な人かどうかにかかっている。消費税もある程度以上の売上げがあって、かつ生真面目に申告した事業者から取るという風になっています。職業別で言うと、製造業からはかっちり取るけど、農業や水産業からはあまり取れていない。人の属性で言うと、現役世代からは取るけれどフロー（収入）のないお年寄りからは取らない。ものすごい金融資産を持ちながら、ほとんど税金を払っていない人も多いのです。固定資産を持っている人からはたくさん税金を取るけれど、家なんかはなく株だけ持っている人からは資産税が取れていない。面白いもので、一億円を持っている人が一億円の家を買ったらすごい固定資産税を払わないといけないのに、一億円を国債や株にしていると金利にかかる微々たる部分以外は税金を払わなくていいのですよ。家を買ったらむしろ値下がりするリスクも大きいのに。ですから、多くのケチな人は資産を現物には換えずにお金のまま持っています。

そんな風に、日本の税金は取れる所から取っていて、取りにくい所からは取っていないシステムなんです。海士町は、漁業と農業の島ですからもともと税金を取りにくいセクターばかりなんです。だから実際は食えている島なのに、産業から税金が取れないいんですね。じゃあ、もっと農業や漁業から税金を搾り取ろうという話になったとする。でも、そもそも農民や漁民は、お金の計算に乗らないところで自給して食べているので、そこはどうしても徴税できない。さらにいえば、海士町だけで税金のシステムを弄《いじ》るわけにはいきませんよね。ましてや、所得税は国税なんですから。国税が農業者や漁業者に甘いシステムになっている以上、当然海士町から国税収入は上がらないのです。

だから、実体経済上、豊かかどうかという話と、その町の財政が豊かかどうかは必ずしも一致しないのですね。こういうのもプラグマティックにステップバイステップで考えたら、すぐわかることなのです。それを飛ばして、税収がない＝貧乏な島なんだと決めつける方が非現実的なんですよ。ですが現実の確認を怠って安易に決めつけてしまうことこそイデオロギーのなせる業なのですね。真実を理解するには一つひとつをちゃんと考えていかないといけません。

現実に行ってみて、住んでみたら、そんなに貧乏な暮らしでもないことはすぐわかるでしょう。それなのにそう思えないのは、勉強した知識がイデオロギーになってしまっているのです。私はよく「現場を見ましたか」と言うのですが、現場を見ないで、世の中一般の決めつけを盲信してすぐ「ああ、金食い虫だから削ろう」という人を、GM（現場を見ない人）と呼びたくなりますね。またそういう人は、SY（数字を読めない人）ですよ。実際の現場を見たら、ちゃんとうわべの数字にはからくりがあること、本当の数字を読むには訓練が必要なことがわかるのですが。そりゃあ、豊田市を見たら税金を取りやすい製造業がたくさんあって、サラリーマンがたくさん住んでいますが、税収は良くても人びとは国からさんざんふんだくられているとも言えるんですよね。可哀相ですが、だからこそ地元にはあまりストックがなくて経済力がないんです。逆に海士町みたいに、構造上、税金が取りにくい所は意外にストックがあったりするのです。海にころころ転がっているウニから税金を取るわけにはいかないのですから。「えーい、金払えないんだったらウニ持って来い！」という悪代官みたいな政府じゃないですから、ウニは好きなように食えるじゃないですか。そこでは金銭換算なしに食える。

山崎　そうですよね。そこには税金も発生しないしね。税金を発生させずに食べていける（笑）。

藻谷　そういうことです。取り引きも発生しないけれど、でも島の人たちは食えているわけですよ。そういうことが全然換算されていない仕掛けになっていることがわからない人を、私はSY（数字を読めない人）と呼ぶのです。そういう海士町に住んでいる人を都会に移したら、彼らの生活を支えるのにもっと公費を投入することになるかもしれないのです。逆に言えば、世に言われているほどには海士町は金食い虫じゃないのですよ。

税金システムの本当の受益者

逆に、さんざん税金を取られている都会のサラリーマンは可哀相だというのはその通りなんだけれど、その税金の受益者は二三〇〇人の海士町民なのか？　もちろんそうじゃなくて、圧倒的な受益者は何億円も金融資産を持ちながら、金融資金課税がないがゆえにほとんど税金を払っていない人たちです。公共サービスで維持されているもの、例えば日本の治安の良さなどからは彼らこそが最大限の利益を得ているというのに。退職をして今は年収はないけれど、彼らは年金をもらってもいます。毎年五五兆円の年金が配られている内の一〇兆円は税金の真水投入ですから。高齢者のごく一部の富裕な人たちが今の政治システムの最大の受益者だったりするのです。そういう人たちと海士町の若い人たちは全然関係がない。

そのあたりを考えずに田舎の労働者層は税金にぶら下がっている悪者だと決めつけられるのだけれど、実は本当に悪いかどうかは事実に当たってみないとわからないことなのです。

他の例で言うと、一九六〇年代に地上で核実験が盛んに行われていた頃は、今よりも国内各地の放射線レベルがだいぶ高かったそうです。だから、六〇年代前生まれの人たちはけっこうガンになるリスクが高いとも言われています。今福島の人たちは大変ですが、実は数字で見る限り六〇年代の方が全国的に汚染レベルはずっと高かったのです。だから週刊誌が「中国がさんざん核実験をしたから昔の方が放射線レベルは高かった」なんて書いたりするわけですが、それを読んであぁ、そうなんだと思うの がSY（数字を読めない人）で、実は核実験の回数は何百倍も旧ソ連とアメリカの方が多いのです。中国は当時はあまりお金もなくてごく僅かしかやっていない。ところが、今の風潮だと「中国が…」と誰かが言い出すと、みんな何となく納得するでしょう？

そんな風になんとなく今のムードに流されて、数字も現場も見ずに物事を決めつけてしまうようになっている。二〇年前だったら、世の中の悪は全部ソ連のせいにしていた人が多かった。安保の頃だったらアメリカのせい。そういう世の中の空気に流されてはいけないのですよ。

それはそれとして、海士町の話に戻りましょう。

「自立できない自治体は不合格」という意見について

藻谷　そうは言っても、豊かな分も含めて海士町は本当にセルフサフィシャント（自立可能）なのかと言うと、そうではないですよ。この島にも一応病院があって、医者がいますよね。本当は二三〇〇人相手だと、そもそも病院経営は成り立たないのです。だからそこに医者がいるというのは、ちゃんと公費で負担しているから医者がいるのです。保険福祉センターもあります。それに離島航路を維持するのも、相当税金が入っているはずです。ウニが豊かだからと言ってウニを国に納めたくらいじゃカバーできないくらいお金がかかっているというご指摘は、さらに出てくるというわけです。

そもそも海士町には、自分たちの所に船を引くとか港をつくるとか、医者を維持する、学校を維持するというところまでの規模の利益はないのです。そういう二三〇〇人くらいしかいない自治体はもう撤退したらどうかという、ある意味経済原理主義みたいなことを言う人も出てきそうです。

山崎　確かにありますね。

藻谷　それについては、どう答えますか。現地を知っている者としては？

山崎　えーっ。

藻谷　「やっぱり君たちはトータルで見ると、国にとってはお金の無駄だから撤退したまえ。引っ越して境港あたりで妖怪の真似事でもしていなさい」と言われたら？

山崎　ちょ、ちょっとそれは飲み込めない感じです。

藻谷　そうですよね。どこが一体飲み込めないのでしょうか。

山崎　どこがって…どこなんだろう。

藻谷　山崎さんて本当にすごく素直な方ですね。会場の中には「俺に言わせろ」という顔になった人がたくさんいますが、山崎さんの反応を私は評価します。

やっぱり、本当に現場に没頭している人というのは自分が感じているリアリティで物事を見ているから、みんながすごくハッピーに暮らしているというリアリティのなかで、突然「お前はただの金食い虫だ、撤退しろ」と言われるとパニックに陥ってどう対応して良いかわからなくなるんですよね。

山崎　そう、わからないですよ。

藻谷　直感的にはどうですか。こういうことを言い出す人は正しいですか、間違っていますか。

山崎　直感的に？　間違っている気がしますね。

藻谷　間違っているでしょう？　なぜ間違っていると言えるのか？

山崎　うむ！　…なんでだろう？

藻谷　僕の意見を言わせて頂くと、そもそも国は何のために国を運営しているのか？　そもそも、昔は個人個人が自給自足で暮らしたり、中国の銭を輸入して経済社会をつくったりして、政府がない時代もありました。室町幕府の末期とか。各自が自治組織だけでやっていて、死ぬ時は死んでしまうけれどそういう考え方でやっていました。縄文時代もそうですよね。

　何のために国をつくってお金を集めて近代社会にして、ある程度運営しているのかな？　それは際限なく経済成長するためなのでしょうか。だとしたら、何のために経済成長しているのかな？

　お金が貯まっていかないと大変なんだ、でもある程度全員が食えるところまでお金は貯まったのに、その後もこれまでと同じペースで経済成長していくのが目的だなんて、カルト集団みたいですよね。本当の目的が経済成長だなんて、基本的なスタートラインを忘れていませんか。経済成長するために国をつくったのかな？

そうじゃないでしょう。それぞれの価値観は違うだろうけれど、それなりに幸せに暮らすために国をつくったのでしょう？

明らかに海士町の場合は、それなりに幸せに暮らしている人が集まっていますよね。じゃあ、その人たちを境港に引っ越しさせたとして、同じように幸せに暮らせますかね？

山崎　いや、違うな。

藻谷　そうですよね。まず、同じように楽しそうに暮らすことはできないでしょうね。じゃあ境港自体も同じように大赤字自治体だから、漁師だけ残して米子に撤退しろと言われた場合、どうなるか。鳥取自体が日本のなかでは人口六〇万人で一番小さい県なのだから、鳥取県を撤退して大阪に来いと言ったらどうなるか。

もう、いっそのこと日本みたいに、津波は来るわ、火山は爆発するわ、資源も食糧も自給できないわ、そんな国なんか止めたらどう？　全員オーストラリアに移住だあ！　カンガルーと遊べるぞ！　たまにはコアラも来るよ…となった場合、日本国民は幸せになれるのでしょうかね。

山崎　違うでしょうね。

藻谷　そうなのですよ。結局、「みんなが幸せに暮らすため」という目的を忘れたお金だけの成長の議論は、実はすべて極論になってしまうのだということがわかるのです。そこまでしてお金優先できちきち計算しないといけないということになると、最後は「もうめんどくさい、みんなで集団自殺でもしようか」ということになってしまいかねません。

一九七八年のガイアナの「人民寺院事件」はご存知ですか。信者の九割が集団自殺したと言われているカルト教団の事件ですけれど、経済の話も突き詰めると、みんな死んで天国へ行こうという話になりかねない危うさがあります。そこまでいかずとも、日本に住んで日本語で話していて本当にいいのか、ということを考えざるを得なくなる。その時に「Ｙｅｓ」と答えるには、成長は手段にすぎないのであって、目的は一人ひとりの幸せだったということを認識し直さざるを得ません。

そこらあたりに気づくかどうかが、学校で習った範囲だけを考えが往復してしまう人と、現場も見ている人の違いになるわけです。

4章

幸せは計るものではなく、実感するもの

金勘定上の損得は極論に行き着く

藻谷　つまり、何をもって幸せの目標とするのかがないままに、単に金勘定上損だからと言い出すと、実は日本の存在自体が金勘定上、損だったりするのです。世界の果てからわざわざ資源を運んできて、わざわざ製品をつくって元の所に売って戻すなんて、エネルギーの無駄でしょう？　しかもそこが天災多発地帯で、東日本大震災がユーロショックを誘発したりするわけですから、本当はそんなところに経済力があると困るのです。日本がなくなった方がいい…ということだってあり得るのです。

人間て面白いもので、自分が当り前だと信じ込んでいることはまったく計算せずに許すくせに、自分から見て理解できないことがあると「お前、採算が取れないぞ」と急に言い出すんですよ。

もし海士町の近くにもう一つ離島があって、一〇人の人が住んでいたら、海士町の人はきっと「お前たちは無駄だから撤退しろ」と言い出すかもしれません。自分の理解しているスケールより小さいと、急に否定し出すということがあるんです。

だから、そういう問題じゃないだろうということです。どこで線を引くかというと、やっぱりある程度そこそこのフローとストックがあって、ある程度みんながハッピーに暮らせている所。移住させるとかえってみんながアンハッピーになって、おそらくお金もさらにかかってしまうような所。それとは別にお金では測れないけれど住んでいる人がある程度、幸福になれる仕組みが備わっている所。そこら辺を勘案しながら、個別具体的に考えないといけません。その点、海士町は一線を越えていませんよね。むしろ、海士町はハッピーだから、都会に疲れた若者が二五〇人も移住してるわけですよね。しかも移住して遊んでいるのではなく、みんな真面目に働いている。そういう所があっても良いじゃないかという議論になるんですよ。

会社で言うと、あまりお金を稼いでいない部署があったとする。営業やその他で何となく鬱になった人が、回復過程にそこに異動する。会社のなかには「あんな部署は潰してしまえ」という議論があるかもしれませんね。でも、そういう部署がない会社は、みんなが鬱になった時に対処のしようがない。もちろん、そういう部署を潰す代わりに無駄な高給を取っている役員を首にしろという案もあっていいのですが、役員になりたくて仕事をしている人のモチベーションが保てないことになってしまう。

公共投資に頼らない生き方の選択

藻谷　…てなことでございまして、無駄だ無駄だと言ってカサブタを切っているつもりでも、ある一線からカサブタじゃなくて皮膚そのものを剥がして血がどばっと出てくることになりかねません。人の幸福を単線的な計算で定量化するということ自体に限界があるのです。

　もちろん、だからといってすべてのお金の無駄使いを許すということではありませんよ。海士町の場合はどうですか。あまり変な公共投資に頼らずに生きていくというポリシーみたいなものがあるんじゃありませんか。

山崎　ポリシーとしてはそうですね。変な公共投資には頼らないという方向に行っています。それは、二つ前の総合計画の時からです。もともとハードとしては足りていない所をつくろうという戦略はあったのですが、今は違う戦略になってきています。そういう意味では無駄な公共事業をなんとか呼び込もうという方向ではないですね。

藻谷　つまり、公共インフラ整備も、もうある程度行くところまでは行ったのですよね。

北分大橋付近

山崎　そうなんです。

藻谷　例えば地図を見ると、北分大橋が建ってますけれどこれなんか、かなりムダな公共事業っぽいものですよね。これを渡らないと行けない所ってあまり見あたらないようにも思いますよ。こういうことをする所は普通は悪ノリを続けて、他にも橋を架けようという話になるのだけれど、それは止めたんですね。

山崎　そうですね。

藻谷　たぶん、この橋は当時、国からお金が下りたからやったんでしょう。確かにこの道は、スキあれば向かいの西ノ島町まで橋を架けようとしてつくってますね。私、本を読まない人ですが、地図は誰よりもよく読むんで、なんとなく想像がつきます。だけど、今は取りあえず西ノ島にも船で移動できるんですからいいじゃないですか。小さい連絡船もあるのだから、今はこれ以上は止めようということになったんですね。つまり、ある一定程度インフラも構築されて、限界効用も逓減してきてこれ以上インフラをつくっても便益の上積みが出てこないことがわかった時点で、計画を凍結した。そして、逆にコミュニティと農漁業を充実させて、収入はないけれど豊かに暮らす路線で行ってみようとちゃんと方針転換してるわけですね。世の中の「公費を無駄遣いするな」という要請に対して、ちゃんと折り合いを付け始めているわけですよ。そういう折り合いを付け始めている人たちがいたとすると、同じ赤字でもまだ公共事業ばかりやっている町と海士町を一緒にすべきでしょうか。

実際は話がわかればそんなことは言い出さないわけです。金融機関でも、赤字企業を全部一律に取引停止にして潰すということはしない。やはり努力をしながらやっていて、若い跡継ぎでもいて見所があると思ったら少々赤字でもお金は貸しますよね。逆に、今儲かっているように見えても次がないと思ったら貸さない。やはり世の中はそういう風に動いているのであって、そこはマニュアル通りにはいかないのです。長い間生き延びている会社は必ずそういうやり方をする。

日本国全体の経営もそうで、実感で人が豊かに暮らせている海士町があって、これだけ楽しいのに経済的に収支が成り立たなくなったから「全員離島しろ」とは言われたくはないですよね。

山崎　そりゃあ、そうです。

藻谷　しかし、このまま行けばそういうこともあり得ると予感して、そうならないように努力を始めたのではないでしょうか、海士町は。

山崎　ああ、なるほど。

海士町がなぜ日本に必要なのか〜島の幸福論〜

藻谷　このままじゃ島がなくなるという危機感の次に、でもなくしてはいけないと湧き上がってくる情熱があって、ここは人が住むには良い所だから守っていれば後世に絶対に子孫に感謝されるはずだという直感があって、みんなで努力をし始めているわけです。そういう努力自体がまた、そこに住んでいる人たちの幸福を増していくわけですよね。

だからね、これは「経済成長はいらないからみんな海士町になれ」と言っているわけではないんです。お金ばかり稼いでも田舎のために取られるだけの報われない地域もあるけれど、そういう地域の人たちにとっても、いざとなったら海士町に移住する道があるぞというのは、ある種の心の支えだったりするわけですよ。

山崎　うむ！　うむ！

藻谷　実は私の身近にも海士町に移住してしまった若者がいます。

山崎　本当ですか？

藻谷　その人は仕事でつきあいがあったのですが、妙にやる気がない人でこちらも困っていました。しかし、後から推測するに、もうその時は、仕事よりも、海士町に移住する計画に没頭していたらしい。「こんな人を相手にするよりも海士町に行って楽しい生活をするぞ」なんて思っていたんでしょうねえ。

山崎　なるほど…藻谷さんを相手にするよりも（笑）。

藻谷　奥さんの説得をして、順番に布石を打って、周到に準備していたんですよ。何年か越しの計画通りに移住を決行し、今では楽しく暮らしていると、風の便りに聞きました。海士町には2010年の夏に行ったということですよ。

逆に言うと、そういう人が生き甲斐を取り戻して人間に戻れる島「海士町」があるということは、都会で税金を払っている人間にとってはいざという時に選べる選択肢があるということです。そういう選択肢がたくさんある方が面白いですよね。

明らかに税金の無駄遣いだというケースを除いたら、そこそこ何とか少ない出費でやりくりしているという地域がたくさんあった方が、日本人全員がいろいろな形でハッピーに生きていくという目標からすれば面白いですよね。

山崎　そうですよね。僕らは海士町で総合振興計画づくりのお手伝いをしましたが、その時に海士町の新しい総合振興計画のタイトルを『島の幸福論』というタイトルにしたんです。

藻谷　もう最初からその話をしてくれたらいいのに（笑）、謙虚だから今頃言い出すんですね。

山崎　島の幸福論は都市の幸福論と違うよねという話から始まったんです。都市の幸福は、例えば大学や大学院を卒業する人が多いのは少しでも所得の高い大企業に入ることだからだ。そのために一生懸命勉強している。だとすると、何のために所得を上げるのかというと、少しでも広い家に住みたい、少しでも新鮮で安全な野菜を食べたい、少しでも自然が感じられる所で暮らしたいから。ただ、都市では広い家や自然豊かな住宅地を目指して高いお金を払おうと思っているのだけれど、さして広い家に住めるわけでもない。

海士町の方はと言うと、そんなに教育レベルは高いわけではないし（これを言うと教育委員会は少しへコんでしまいましたが）、所得も都市部に比べたら高くない。だけど、都市部の人が目標にしている広い家、新鮮な野菜や魚はその辺にたくさんあります。だから、都市部の人が目標にしているものは海士町の人たちはもう先に手に入れてしまっているわけです。

藻谷　それと、もう一つ、海士町では孤立老人になって死んでいくとい

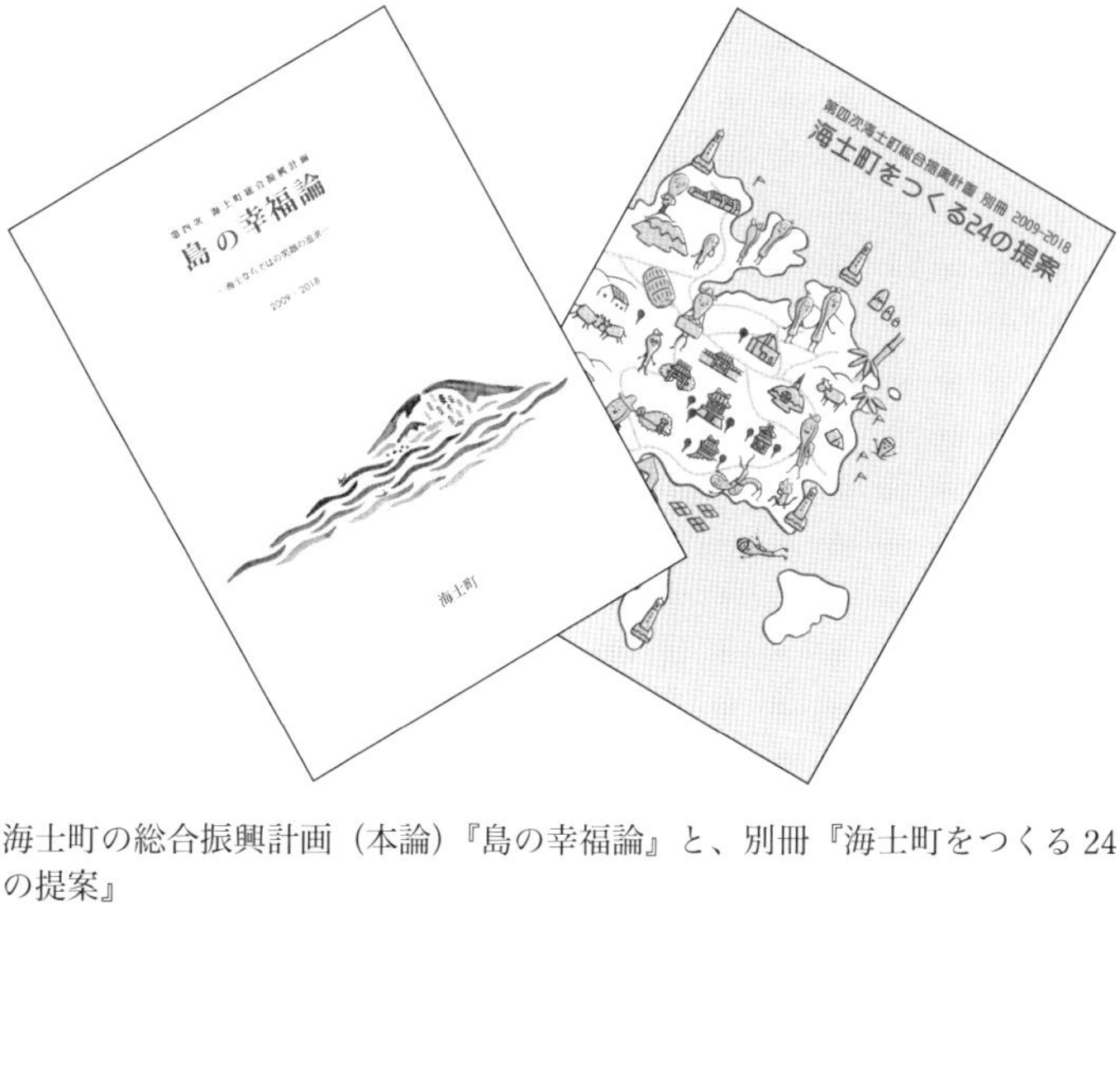

海士町の総合振興計画（本論）『島の幸福論』と、別冊『海士町をつくる 24 の提案』

うリスクがないですよね。

山崎　確かにそうです。普段から顔を合わせているし、歩いていて必ず挨拶しますから、だいたいどこにどんな人がいるかわかっている。「あの人を最近見ないね」という話でもあればすぐに噂になりますし、どうしているかという話になりますから、孤独死の方向に進むことはかなり少ないだろうと思います。

そういう場所に住めることのメリットを最大に活かした総合計画を僕らでつくっていくべきじゃないでしょうかという話から、「島の幸福論って何なんだろう」ということを話し合いました。それが二年前につくった総合計画です。今のお話をお聞きしていて、「方向としては間違ってなかったな」と感じました。都市部で追及されている幸福と海士町が目指すべき幸福とはかなり違う。その時、市民が担うべき役割もまた全然違う。海士町における役割の方がいいなと思う人が、藻谷さんのお知り合いのように海士町に来てくれたらいい。その人は東京に住み続けて役割を担うことよりも、海士町で自分の役割を担う方がフィットしたんでしょうね。

藻谷　昔みたいに生まれた所でずっと暮らさなければいけないという社会であれば、

そこに縛り付けられた人がいるのは不幸なことかもしれません。しかし、今はもうライフステージに応じて動いていける社会になっているんですね。それだけの蓄積はできている。ある程度の国力を持っていろんなものが維持できるところまで来たので、ライフステージに応じて移住できるし、またそれに飽きたら、一〇年後、東京に戻って来ても良い。

みんなが一方的に東京に集まって、受験勉強ができる子供は進学するという必要はなくなったということなんです。もう少しするとさらに、高校を出たら一斉に大学に行って勉強するという今の制度の必然性もはげ落ちてくるでしょう。もう今の世の中は本当に勉強したければ生涯いつでも大学に入り直して勉強できるようになっているのですから。大学へのストレート入学にこだわる必要はないし、大学院から方向転換する道もいくらでもある。実際、東大の卒業生でなくとも東大教授になった人もたくさん出てくるようになっています。また大学を出てフリーターをやっている人、料理人など手に職をつける道に入り直す人もどんどん増えている。人生の道はどっちを向いていてもいいじゃないかという、まるでカンディンスキーの絵のようにあっちこっち道があるという風に変わってきているんですね。

そのような変化が起きる前に考えの固まってしまった人も多いわけで、年齢が上に行くほど、あるいは今までのシステムで「勝ち組」になれたと思い込んでいる人ほど、この変化を受け入れられないのです。とはいっても、ある一定程度まで国が豊かになったことによって、早晩必ず多数派がそういうことを自覚するステージには達するでしょう。

総合計画を読んでいると、なかに「人生の節目」という言葉がいきなり出てくるではありませんか。おや「人生の転機」か。見ると、とにかく「Iターンしませんか」という言葉がたくさん出てきてますね。「島留学」というのもあります。

「島留学」から見えること〜経済ではなく個人が成長する可能性〜

山崎　それは高校生対象ですね。「島留学」という発想は、今までのお話に近いものがあります。

海士町の高校はこのまま行くと学生数が減って、高校自体の存続が危うくなります。

海士町の夏祭り（上）、相撲大会（左下）、野球大会（右下）。人と人とがつながるきっかけが何種類も用意されている。

高校がない島というのはつまり、中学を卒業したら島から出ていくことになりますので、少しでも長い間海士町にいてもらい、海士町の良さを知ってもらい、最終的にはもう一度戻って来たいという風に、島の魅力を理解するところまでは島で暮らして欲しい。そう思うと、高校は外せない要素なんです。

しかし、島に住む子供たちの入学者数だけで高校を存続させようと思うと難しい。そこで、東京や大阪の中学生を対象に「島留学」をPRしました。これは僕たちもちょっとお手伝いしました。海外の高校に行くのも良いけれども、同じくらい環境の違う、価値観も全然違う海士町の高校に留学してみませんか？　と。そうしたら、その年の受験者がかなり増えました。特に都市部から海士町の高校を受験する人が増えて、初めて入試で落とさないといけない子供が出てくるという事態になったんですよ。教育委員会で「本当に落とすの？」という議論が出てきたんです。

藻谷　そこで、都会の子供を採って島の子供を落としたら、けっこうすごい話になったでしょうね。

山崎　そこは相当悩んだみたいですけれど、落としたかどうかはここでは触れないこ

島留学の広報ポスター。手前に浮かんでいるのは島の中高生の頭。フェリーで島を出る人を追いかけて、そのまま港に飛び込んでしまう中高生が多い。東京や大阪では体験できない高校生活が待っている。

とにしておきますね。とにかく、そんなに価値観が違うならそこで学びたいという都会の子供たちがけっこういました。ひょっとしたらそういう子供たちが東京の高校に進学していたら自分の実力を発揮できなかったかもしれない。さっきのサラリーマンの話とは別の意味で、島に救われるというか、自分の生きていく場所を手に入れたということになるんじゃないでしょうか。もし海士町が経済的に成長していない島だから撤退していたら、こうした高校生が誕生することもなかったでしょう。やはり働いている人だけではなくて、都会で生まれた子供たちも含めて、日本全国に海士町のような場所があるという価値はまだまだ発見できるだろうと思います。

そうだとすれば、海士町はそういう部分をきっちりＰＲして、需要を確保するという新しい戦略を立てなければいけない気はしますね。東京や大阪を目指して発展することを望んでいる場合じゃない。

藻谷　昔だと、そういう所に行って島の人になってしまって、都会に出て来ると田舎者としておどおどとしていた。せっかく都会暮らしをしていたのに、島に移住するというのはある意味負けて逃げたみたいな価値観がありました。田舎があるから「都会が偉い」という考えが湧いてくるわけで、住んでいる場所で偉さが決まるというのは、見下す相手がいないと成立しない図式なんですよね。こういう考え方自体が高度成長時代的なんですけど。

ところで、今の海士町の人も思っているかもしれないけれど、海士町くんだりまで来て地元の子供になってしまったら不利だと思う人がいるのですね。東京で高校に行く方がやっぱり良い。そういう考えが事実かどうか。

結局、これもさっきお話しした平均値の話と同じなんです。平均で言うと東京にいる方がお金を稼いでいる人間が多くて、それなりに勉強ができるのかもしれない。しかし、東京に住んでいるだけで、そんなに優れた人間になって社会の役に立っているのですかと問うてみると、全然違うでしょう？　平均値はそうでも、東京に住んでいる個人個人は違うわけですから。ひょっとしたら、毎日部屋の中でゲームばかりしているのかもしれない。毎日ゲーム漬けでたまに外に出て山手線の乗り方を知っているだけの人間が、田舎から出て来た人間を「田舎者だ」とバカにできますか。それは平均値という虎の威を借りて威張っている狐にすぎないわけでしょう。そういう腰巾着の人間、水戸黄門が印籠を振りかざす陰で「そうだそうだ」とはやし立てる人間を増やす仕組みがこれまでの都会にはあったわけですよ。実力がないのに、なんとなく社会の多数派に乗っかってごまかせる仕組みが都会にはあった。そこでは必然的に人間が甘く育ってしまうんですね。

海士町みたいに「どこだそこ、日本か？」と言われてしまうような所から出て来ると、逆にある種のハンディを背負って人生をやっていかなきゃいけないと思うのであれば、甘えがない分だけ人間が練れますよ。逆に、「海士町？　いい所ですよ、ウニ食べ放題だし」と何のハンディも感じないほど天真爛漫に育つのであれば、もっと良いですよね。

つまり平均値で議論しようとする時代なら、都会は強いのです。都会の平均になることって、とっても良いのですよ。サザンオールスターズの『sakura』というＣＤのなかに桑田佳祐が「その他大勢の群れに紛れて幸せを掴みたい」と延々と歌う歌（私の世紀末カルテ）があるのですが、そういうことで「幸せを掴める」と妄想を抱いて人びとが集まるのが東京や大阪なんですね。大阪辺りだと、その他大勢に紛れているとなんとなく平均的にダメになりそうな気もしますが（笑）。そういう人は東京に移るでしょうが、大阪で食えると思っている人は大阪にいるでしょう。だから、都会というのは「その他大勢に紛れたい」人を大量に引き寄せてしまうので、本人がその他大勢に紛れて「平均的な都会人」と言われていることに満足ならハッピーなんですけれど、自分が自分だけのオリジナルな存在であろうとした場合にやはり都会人のレッテルが貼られる場所というのは不利なんですよね。

そういうことがそろそろわかるようになってきたから、海士町に二五〇人も都会から移住してきたのでしょう。

海士町のホームページで面白いと思うのは、そうした人が自分の顔を載せ肉声で「ここに住んでいると、こういう面白いことがあるよ」としゃべってくれることなんですよ。これを見ているだけで、「都会でその他大勢に紛れているよりも、こういうド田舎で一人ひとりとして認知された方が面白いんじゃないだろうか」とある種の欲求を刺激されてしまいますよね。都会ならその他大勢に埋もれてしまいますが、こういう所なら何かできるかもしれないという可能性を感じさせる。そういう部分は今は、むしろ田舎の方に出てきているんです。これは経済成長とは関係ない、個人の成長ですよね。

経済が成長している間は、全体の成長に紛れて自分も幸せを掴めるという構図になります。だから海士町で疲れてしまったら、また都会に戻ってフリーターをしながら生活するという人もいるのかもしれない。だけど、その他大勢に紛れたい時と、自分一人がちゃんとやって行きたい時、それぞれを自分で選べるのが本当の国の豊かさだと私は思いますよ。

山奥のカフェから見えてくること

山崎　今の話に近いかもしれませんが、離島や中山間などの山の中に行くと、山の中で農家をリノベーションした雑貨屋やカフェを見ることがあるんです。周りにまったく民家がないような所で。

藻谷　例えば、どこですか。

山崎　例えば、高知県の山の中。でも全国にありますよ。

藻谷　突然、峠にあったりするのでしょう。昔だったら中で山姥が包丁を研いでそうな民家。

山崎　もうちょっと、お洒落な感じです。

藻谷　そうですか、今はお洒落になっているんですか。ちょっと可愛らしいお姉さんがスカーフを巻いて出て来て、油断していると横から熊みたいなオヤジがバンダナ巻いて出て来るという…。

山崎　なんで僕を指さすんですか（笑）。とにかく、よくこんな所でカフェが成り立つなあと思うことがあります。

　ただ、「都会に紛れて」という話の流れで言うと、山奥にカフェが誕生することは、渋谷に一軒カフェができるのとは全然、違うインパクトを持つんです。「そこにカフェができた」という噂が隣町まで行っているんですよ。だから、かなり遠い所からも車で乗り付けてきて、お洒落な雑誌も毎号そこで読めるし、自分の家に友達が訪ねて来た時もそこを紹介できる場所になっているのです。僕が見た例ではその店はけっこう流行っていて、アルバイトを二人くらい雇っていたりするんですよ、山の中で。

そういう所で地域の若い人、例えば三〇代くらいの奥さん方が居合わせると、テレビドラマの話を一通りしゃべった後に「私たちの町はどういう方向に行くんだろう」という話になったりします。そういう場所でワークショップをしたりすると、一回目と一ヶ月後の二回目のワークショップの間にカフェでけっこう町の話題がされていて、議論の内容がいきなりすごく高いレベルまで行くことがあるのです。

なぜそうなるのか、僕は最初わからなかったんです。よくよく聞いてみると、よく集まる奥さん方はカフェで「この間のワークショップでこんなこと話したけど、実際はどうなの」と話しているんですよ。いわば非公式のワークショップを毎日のように積み重ねていたわけで、山奥のカフェってすごく公共性があるなあと驚きました。町の可能性を語る場になっている。

今僕は大学で教えていますが、デザイン系の学生はデザインという力を携えて、全国の山奥に行って雑貨屋とカフェをやるべきだと思いました。そこで地域を少しずつ変えていく仕事をするのも、可能性としてはあるのではないでしょうか。そういう話を大学でしています。

高知県の山中にあるカフェ「ぽっちり堂」。周囲には家がない。手づくりのクッキーをインターネットで販売しつつ、カフェを経営している。お客さんは町内のみならず、周辺市町村から訪れている。

見えないストックでつくる新しい店

藻谷　大昔の例を持ち出してすみません。昔『少年チャンピオン』で連載されていた「七五〇（ナナハン）ライダー」の中では、カフェに生徒会長から不良までが集まり一緒にマスターの人生訓を聞いていたりして、読んでいるこっちは「都会に行くとこんなカフェがあるべや！」と心ときめかせていたんだけれど、今は逆に都会に行くとスタバはたくさんあってもマスターが蘊蓄たれるカフェは絶滅寸前ですね。あってもタバコ臭くて入れない。むしろ、今は田舎の山の中に禁煙の居心地良いカフェがあったりします。

かつて都会にあると思われていた、みんながまったりといろんなことをして過ごす、五木寛之の小説に出てくるような空間は、今や田舎にあるのです。

この地図を見て下さい。ここは鳥取県智頭《ちづ》町の板井原《いたいばら》という所です。観光カリスマの山田佳一郎さんに教えてもらったのですが、家々の間に車で走る道がないという日本で数少ない本当の過疎集落の奥に、カフェがあるんです。初代店長は尼崎から、公募で引っ越して来ました。彼女は芸術家でいろんな所に絵を描いていきました。町営バスのイラストも彼女が描いたんです。その後、町の人と恋愛結婚してカフェ店長は辞めてしまったのですが、素晴らしく美味しい珈琲を飲ませてくれる所でした。カフェの奥に見える風景も綺麗でしょう？　でも彼女が店長を辞めた後、四年後に私が行った時はちゃんと二代目店長が切り盛りしていました。この人は里帰りした人で、やはりこの人のつくるシフォンケーキも「超」が付く美味しさでした。彼女は芸術家ではなかったのですが、やはり綺麗に店内を設えて花を咲かせたりしていました。

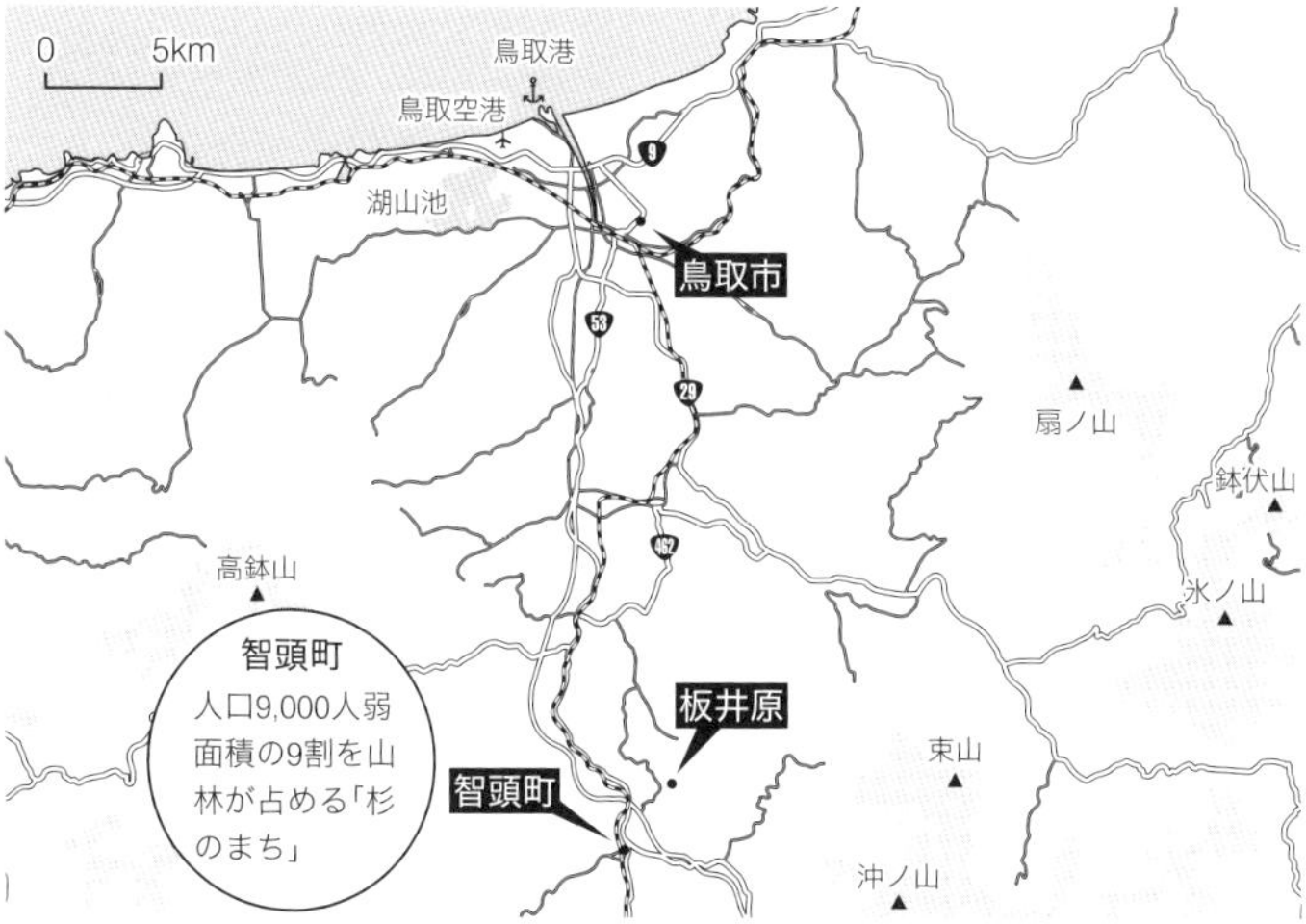

鳥取県智頭町板井原

こういう山奥で人生の一時期を過ごして、カフェなんかやったりして、結婚していなくなっても次の人がやってくれるという空間を見ると、都会の人が思わず「私もやろうかな」と思ってもおかしくないですよね。

では、こういう空間を支えているのは何かと言うと、設備自体は昔の経済成長の名残で公共投資ができた時代にお金をつぎ込んでつくったものです。だけど補修費はなんとかランニングから出るようにこの村も一生懸命努力をしているというわけです。できればいろんなお金を寄せ集めながら、最悪公共投資がなくてもこういうものを維持できた方がいいねという合意が村の人にあるのでしょう。採算に合わないというだけで、良いものまでやめてしまえということになると寂しいなと思える人が随分増えるところに、豊かな日本は到達してきたということです。

だから、こういうカフェは自然発生的に全国でできていて山崎さんも私も目撃しているし、それぞれ違う事例も情報ストックとして持っていますよね。

カフェができてコミュニティができるようになった話で言えば、空き店舗だった所でおばあちゃんが集まって手づくりのお総菜を売る島根県浜田市の例。これはコンビ

鳥取県智頭町のカフェ。初代店長（中段・左）と、二代目店長（下段・右）

ニの空き店舗を利用しました。写真でわかるようにこの量で約三九〇円とけっこう高いのですが、美味しいんですよ。お客さんにはお年寄りと若者が混ざっています。意外に若者も来ています。こういう例も地価賃料が安いからできるのです。

山崎　ああ、たしかにそうですよね。

藻谷　なんやかや言いながら、ここのおばあちゃんたちは料理ができるというストックを手に持っていたわけです。都会ならそこまでのストックはないかもしれませんね。見えないストックを使ってみんなが生きているわけです。

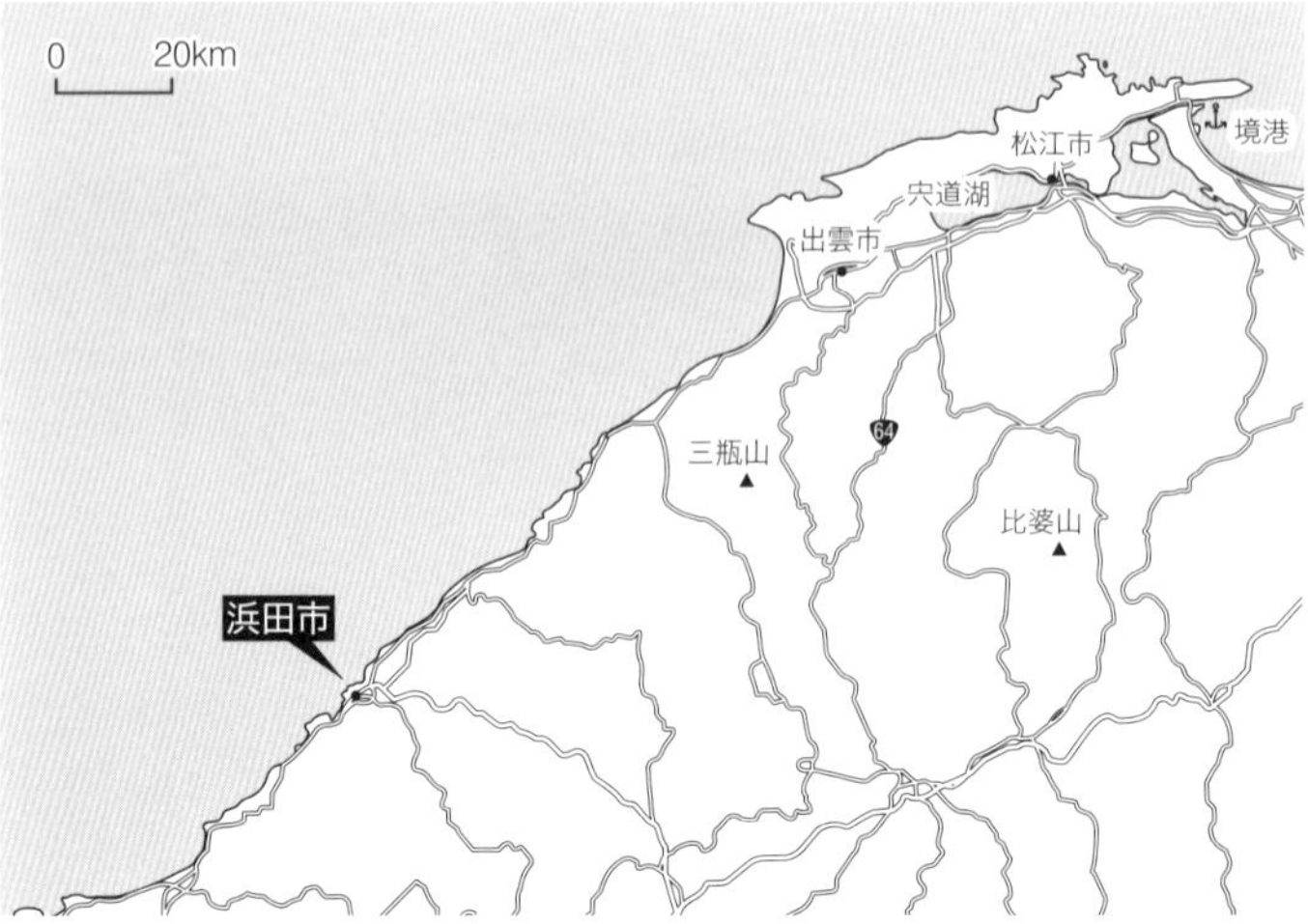

島根県浜田市

島根県浜田市。手づくりのお総菜の店。これで390円。

本当に日本はジリ貧になっているのか～数字で見る真実～

藻谷　ここで、みなさんに私が最近つくった日本経済の資料を見て頂きます。最近よく言われていますが、日本は本当に貧乏になったのかということで、つくった過去四半世紀の国際収支の資料です。日本には個人の金融資産ストックが一四〇〇兆円あると言いますが、これはいろんな人が、その多くが国債になってしまったと言っています。でもゼロではありません。さらにはフローはどうでしょうか。

輸出、すなわち日本が外国に売っている商品の売上が、バブルの頃は四一兆円でした。多くの人は、この頃を日本の最盛期だと言っています。しかし、二〇一一年なんか売上はその一・五倍の六三兆円なんです。リーマンショック前には八〇兆円まで行っていたんですよ。要するに、バブル後も海外ではますます日本製品が売れるようになっています。今世紀に入ってエネルギー価格が値上がりしているのですが、石油のまったく出ない日本がそれでも震災前までは貿易黒字なんです。

ちなみに、今回の震災と円高で「今度こそ赤字になった」と騒がれました。ですが、実は二〇一一年を通して、ものすごい震災と円高にもかかわらず、輸出はほとんど落ちなかったのです。人によっては「輸出半減」とか勘違いしているわけですが、とにかく数字を見てから考える習慣がないのですね。KYで空気しか読まないから、「もう日本の輸出産業は終わりだ」とぎゃーこら騒いだわけですよ。こういう数字は財務省のホームページに当たると最新のものがすぐ取れるのですが。ちなみに私は数字はこうなっていますよと言っているだけなので、ツイッターなんかで

連動する日本の輸出と輸入

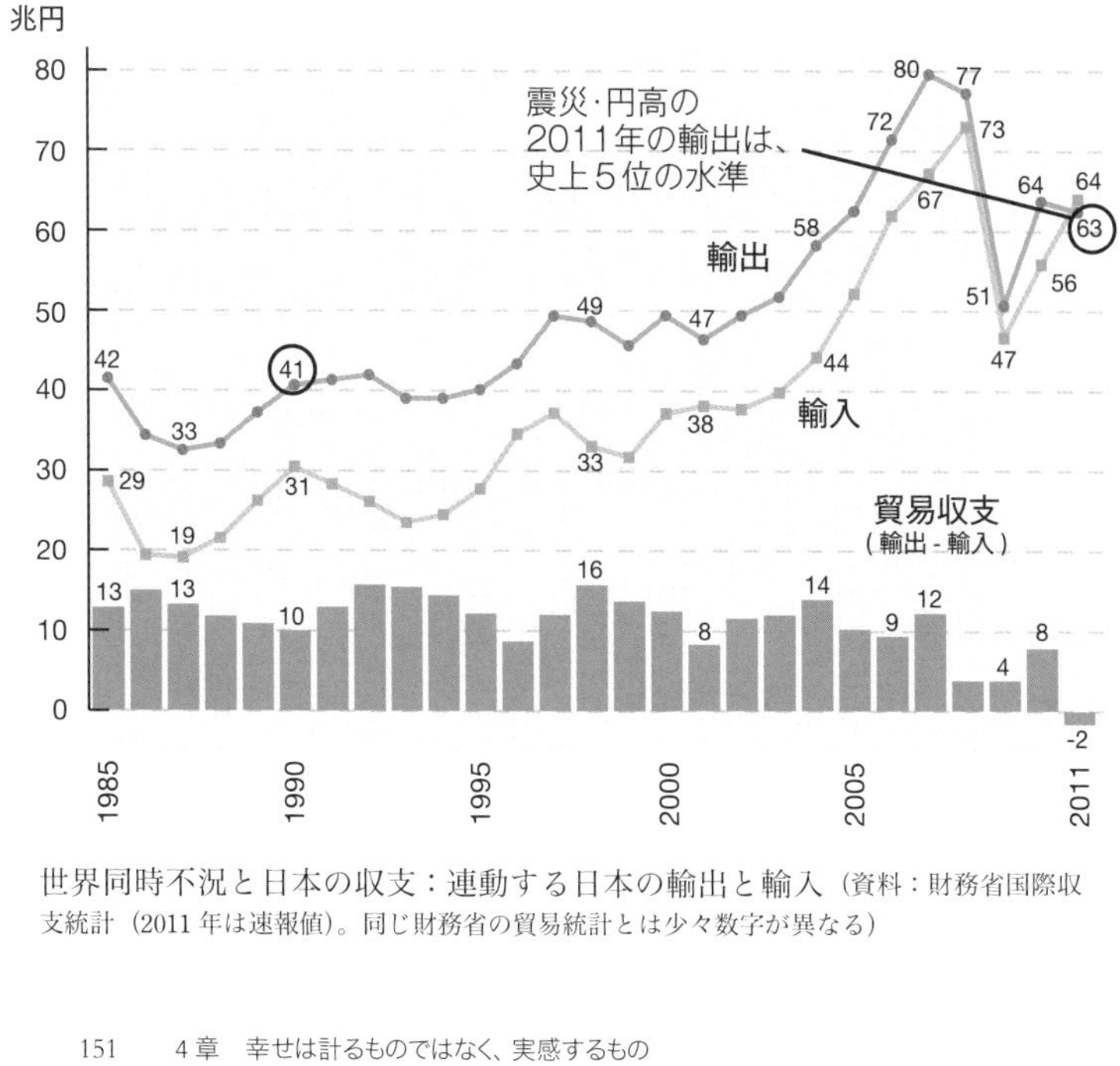

世界同時不況と日本の収支：連動する日本の輸出と輸入（資料：財務省国際収支統計（2011年は速報値）。同じ財務省の貿易統計とは少々数字が異なる）

「藻谷さんの説」なんて言わないで下さいね。説じゃなくて、公式の数字なのです。公式の客観的な数字を、僕が意見として出した話と混同する人が世の中にはたいへん多いのですが、本当に困ったものです。

とはいっても、二〇一一年は、原発事故を契機に世界中の石油やLNG価格が高騰したので、輸入の方が一割増えて、通年で日本は貿易赤字になってしまいました。実は円高で輸入増はかなりのところ抑えられたのですが、世論が深く考えもせずに望んでいる円安にでもなっていけば、もう一段省エネを進めない限り、赤字体質はしばらく続くかもしれません。それなら日本はピンチじゃないか？　いえいえ、別の収入があるのでまだ全体としては黒字なのです。

もう一つ資料を見せましょう。これは、所得黒字の数字です。ものを売って貿易黒字が続いてきた日本は、そのお金を外国に貸したり投資したりして来ました。すると外国から金利配当が戻ってくるのですが、それを所得黒字と言います。バブルの頃は差し引き三兆円の金利配当収入がありました。それがなんとリーマンショック前までは一六兆円まで行って、リーマンショック後は減ったけれどそれでも二〇一一年は一四兆円の金利配当収入があるわけですよ。ちなみに、一四兆、一六兆円と言ってもみなさんイメージが湧かないでしょう。東日本大震災で沿岸部が壊滅的に壊れた三陸、岩手、宮城、福島三県の物的損害が合計で大体一六兆円台です。

山崎　ほお！

藻谷　何を言いたいかと言うと、二〇一一年に日本が受け取った金利だけで東日本大震災の物的損害の大部分が賄えてしまうということです。放

なくならない経常収支黒字

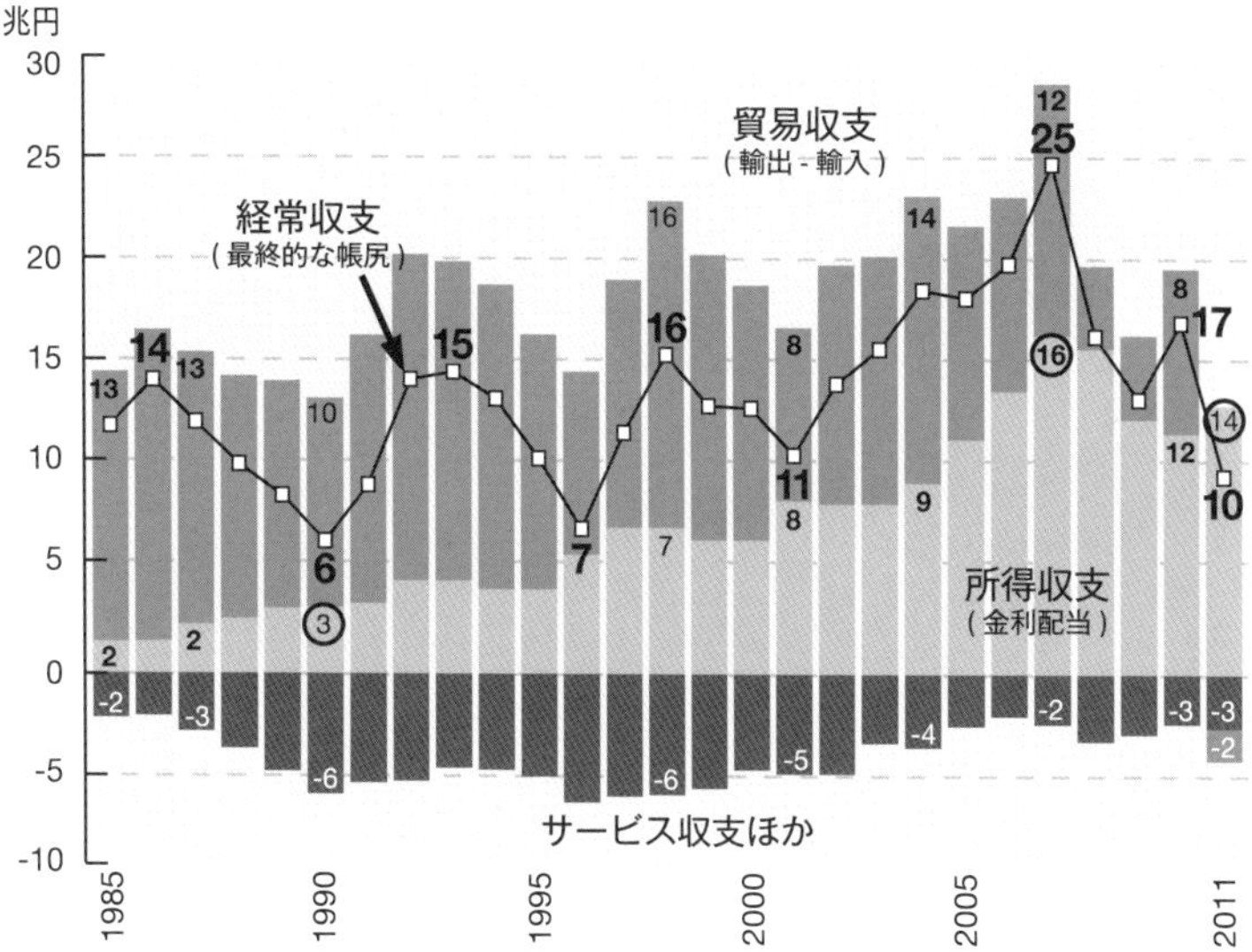

世界同時不況と日本の収支：なくならない経常収支黒字（資料：財務省国際収支統計（2011 年は速報値）。同じ財務省の貿易統計とは少々数字が異なる）

射能はそうそう消えないし、人の命や心の傷は元通りにならないだろうけれど。

山崎　その金利は一年分なんですか。

藻谷　一年分です。それほどの金利が稼げるくらいの膨大なお金を海外に投資しているのです。まったくの話、「日本は海外との競争に追いつめられて行き場がない、滅びるばかりだ」というのは取材不足のテレビが広めている根拠不明の脅迫観念です。私は、「老人性鬱病」の症状だと

日本の直近の貿易収支

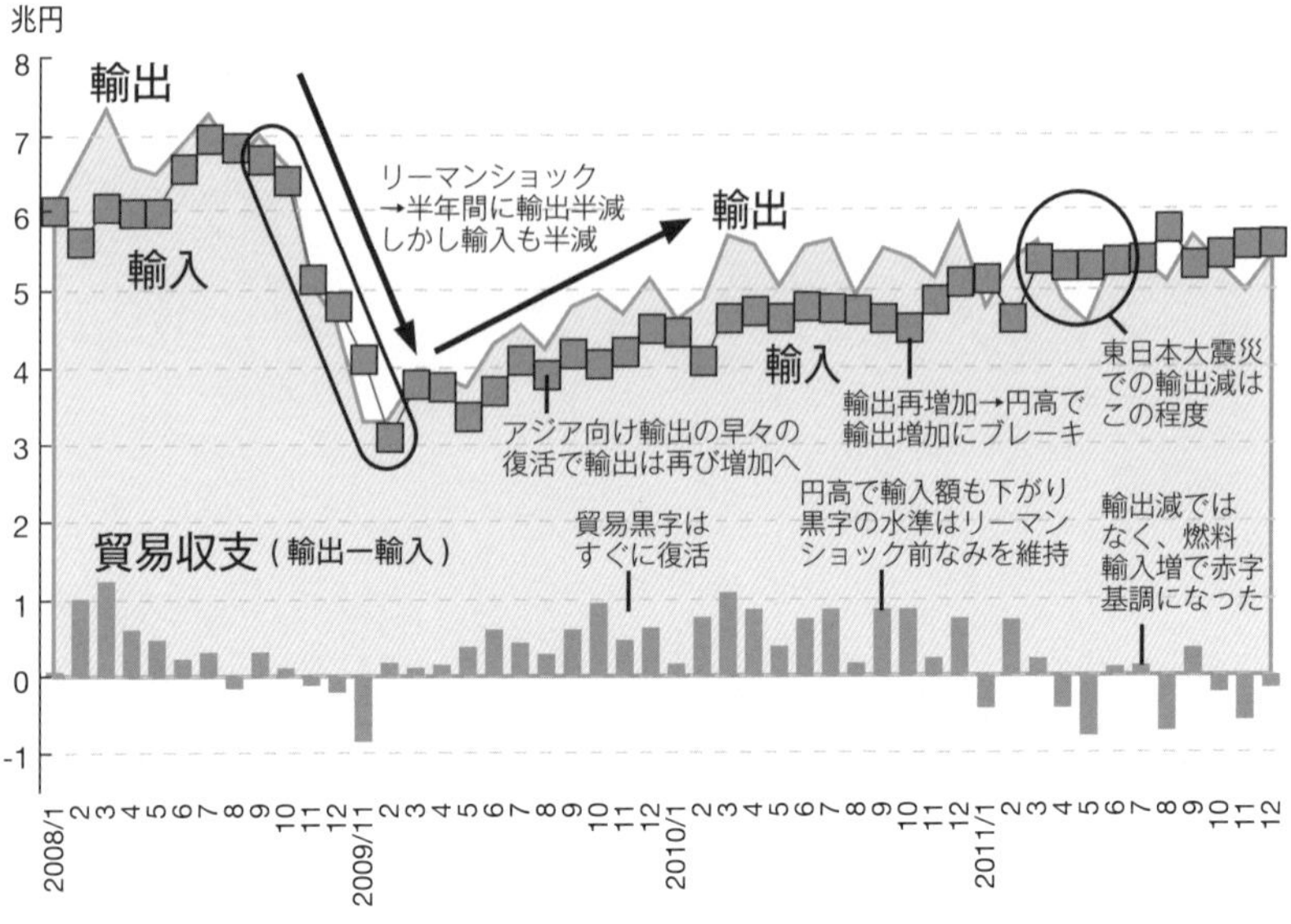

兆円
輸出
輸入
リーマンショック
→半年間に輸出半減
しかし輸入も半減
輸出
輸入
アジア向け輸出の早々の
復活で輸出は再び増加へ
輸出再増加→円高で
輸出増加にブレーキ
東日本大震災
での輸出減は
この程度
貿易収支（輸出ー輸入）
貿易黒字は
すぐに復活
円高で輸入額も下がり
黒字の水準はリーマン
ショック前なみを維持
輸出減では
なく、燃料
輸入増で赤字
基調になった
8
7
6
5
4
3
2
1
0
-1
2008/1
2009/1
2010/1
2011/1

東日本大震災の輸出への影響（資料：財務省国際収支統計）

言っていますが。戦後六五年も過ぎると、社会がだいぶ年をとってきました。退職年代に達してこれからが人生の充実期だ、さあ好きなことをしよう、あまりお金を稼がなくても面白い文化を栄えさせて子供たちに期待しようと言えばいいのに、「ああ退職してしまった、することがない、収入もない、これから人生下り坂だ」と思うばかりか、世の中全体までそうだと勘違いしてしまっているわけです。

しかし、実際はそうではない。

日本の国際収支の推移：中国＋香港

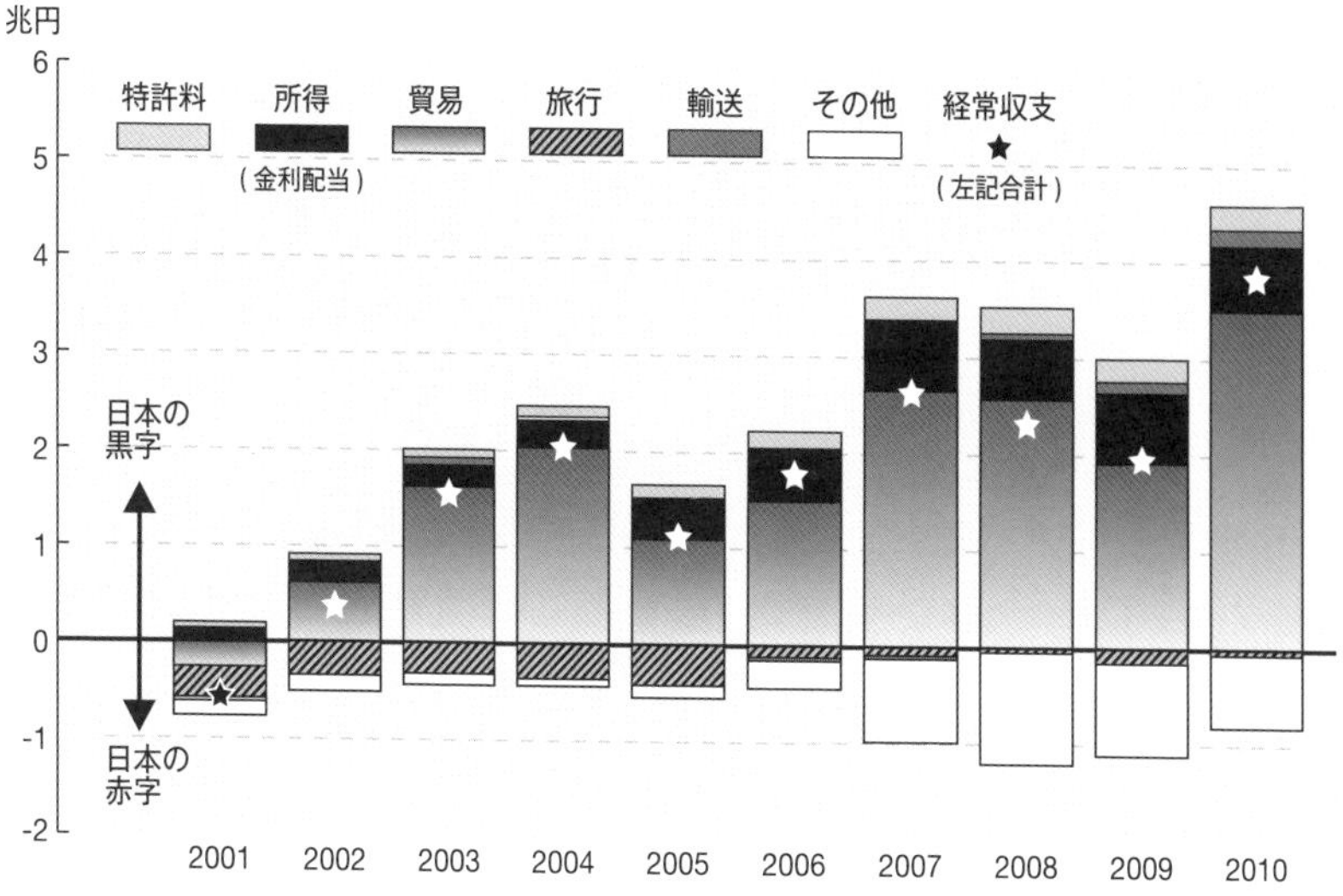

中国が栄えるほど日本は儲かる（資料：財務省国際収支統計）

この莫大に稼いでいる金利配当一つ有効に活用していないだけの話です。日本が中国にどんどん追いつめられていると言いますが、対中国（や香港）からの黒字はここ一〇年ほどどんどん増えているんですよ。対韓国も一〇年間で日本の黒字が三倍になっています。アメリカもちょっと景気が持ち直してくるとまた日本製品を買い出すでしょう。これだけ世界からお金を儲けて、日本は何が不満なんですかと言いたくなる。

日本の国際収支の推移：対 韓国

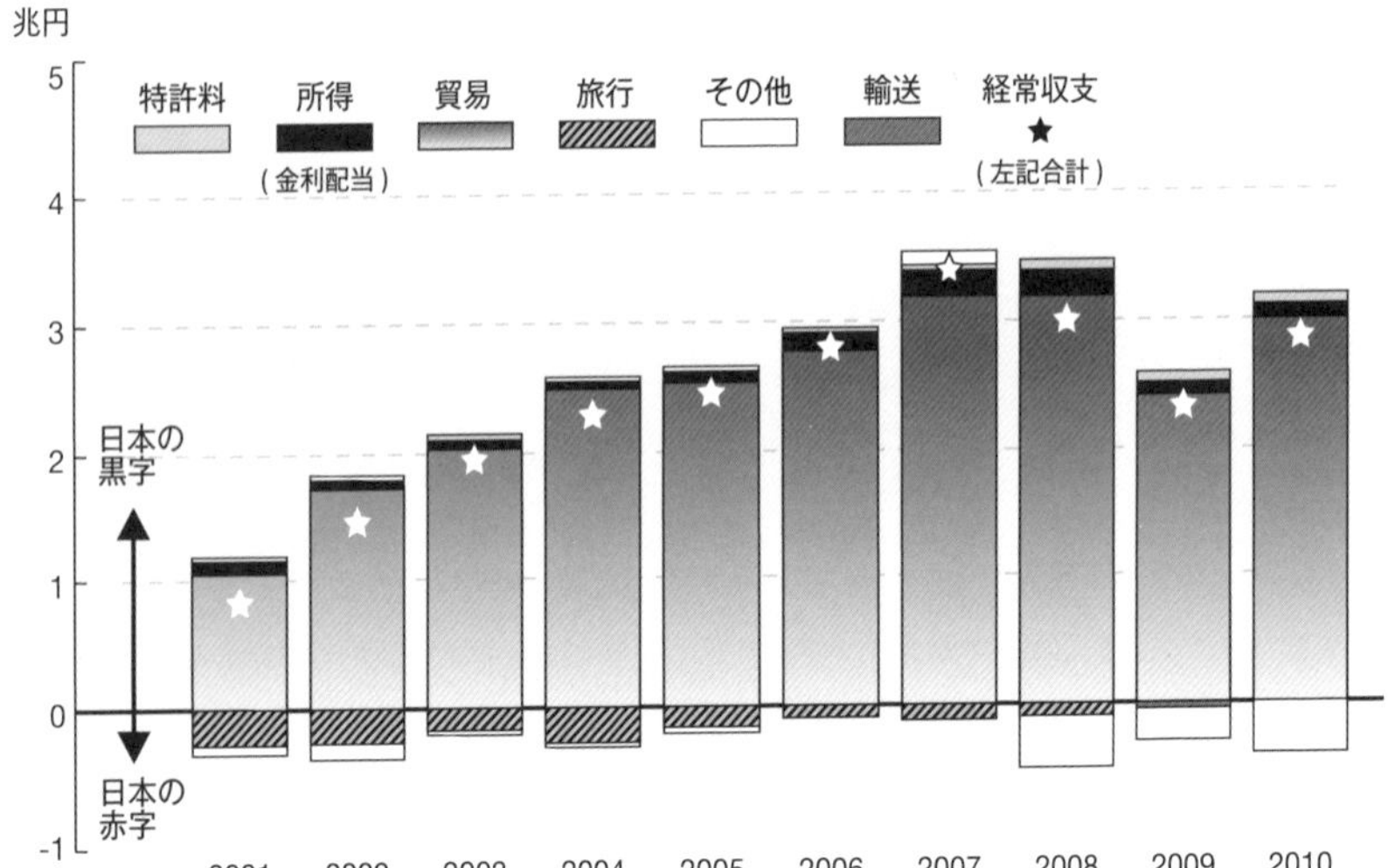

対日貿易赤字の増大した韓国（資料：財務省国際収支統計）

つまり今の日本は、数字上、お金は稼いで貯めていても有効な使い方ができていない。ただ貯め込んで、不安に怯えているだけなのです。国内でのお金の回し方次第でいろんなことができるのだけれど、とりあえずはこの所得黒字はあまり税金にも回っていないし、従って公共投資にも回らない。震災復興にも回らないというわけです。だから、私は貯金の一%を寄付して直接回しましょうと言っているのだけれど、金融市場の裁定が

日本の国際収支の推移：対 アメリカ

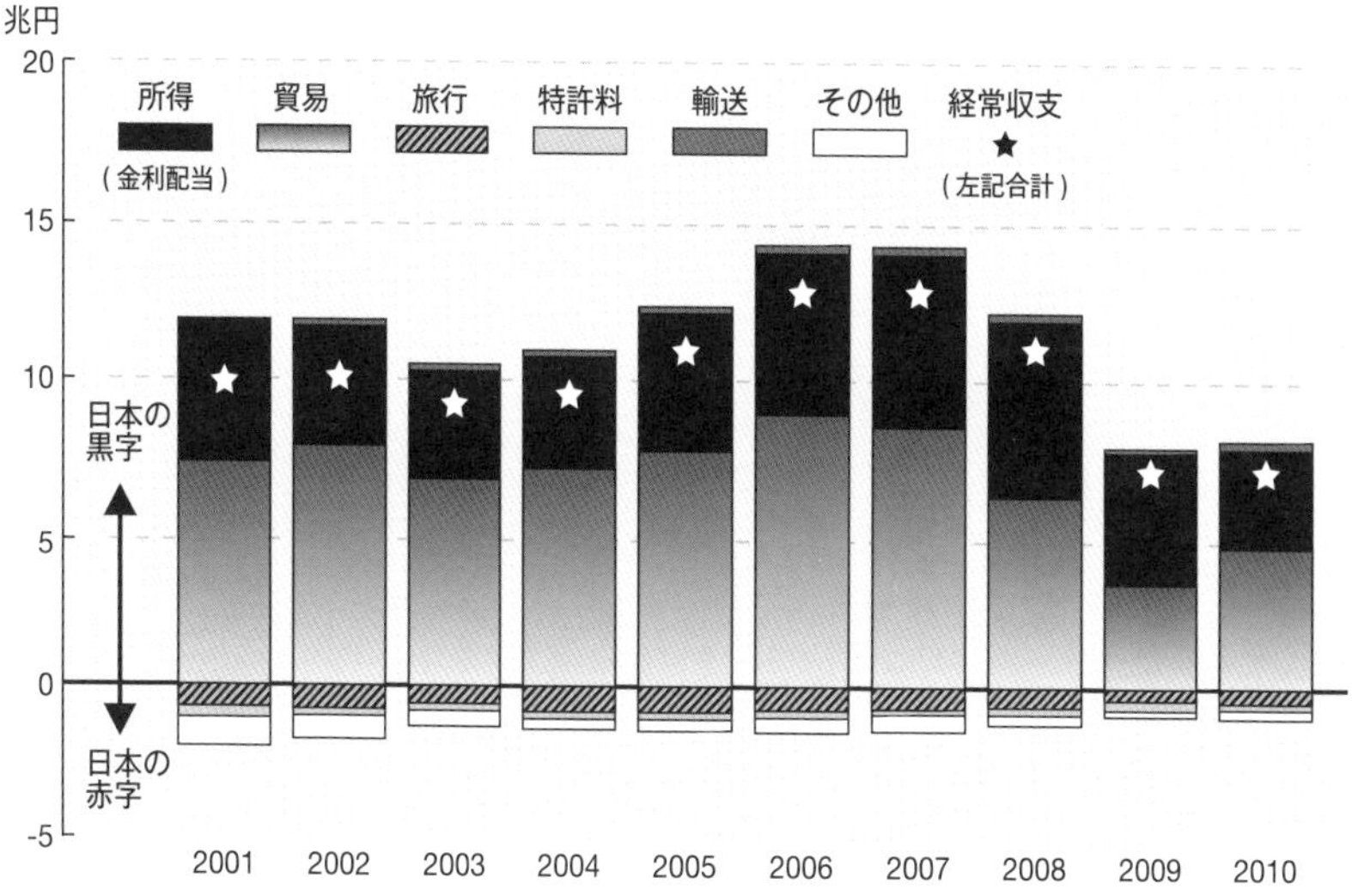

不況⇒消費減で対日収支改善のアメリカ（資料：財務省国際収支統計）

万能だと思い込んでいる、経済学がイデオロギーになってしまった人からは、「何をナンセンスなことを言うんだ」と叩かれたりする。日本の貯金は市場を通して最適に投資されていると言いたいのでしょうが、ドバイに無駄なビルが建っているだけかもしれないのです。

こうしていろいろ資料をみてきたわけですが、果たしてみなさんはどうお考えになるでしょうか。

エピローグ

僕たちは時代の節目という面白い時を生きている

経済成長の、次のステージへ

藻谷　ともかく、こういう状態のなかで日本人は何にお金を使っているか。それは、資源国ではないにもかかわらず日本がその国の製品をたくさん輸入している国、日本が貿易収支で赤字を出している国を見ればわかります。それはドイツでもイギリスでも中国でもない、例えばスイスなんです。日本人があまりロレックスを買わなくなったのか、二〇一〇年だけは日本の方が黒字になっているのですが。これを聞いて、ああ日本はやはりド不況だ、時計も買えなくなったと勘違いする人もいますが、その後はまた売れ出したとも聞きます。とにかく、対スイス貿易は多年にわたって日本の赤字だったのです。

ただ、時計は買えなくても食い物は買いたいしお洒落もしたいですよね。というわけで、高級ブランド衣料品やワインなどの高級食品を売るフランスやイタリアは相変わらず日本に対しては貿易黒字を保っています。結局、豊かなライフスタイルを持って地産地消の品物をきっちりつくっている国に、日本はお金を貢いでいるのです。

同じように日本国内でも、今までは公共投資で食っていて赤字に見える海士町や家島みたいな所、あるいは鹿児島みたいな所でも、実は地産地消でしっかりした農業産品をつくる、あるいは文化的な工芸品をつくって、それこそプラダやシャネルみたいなブランドをかっちり確立すれば、日本中の他の地域から黒字が取れます。事実、最初に鹿児島の経済成長率がちょっと高いという数字を見せましたが、あれは焼酎や黒豚からも出ているのですから。

山崎　ああ、地域ブランドですね。

日本の国際収支の推移：対 フランス

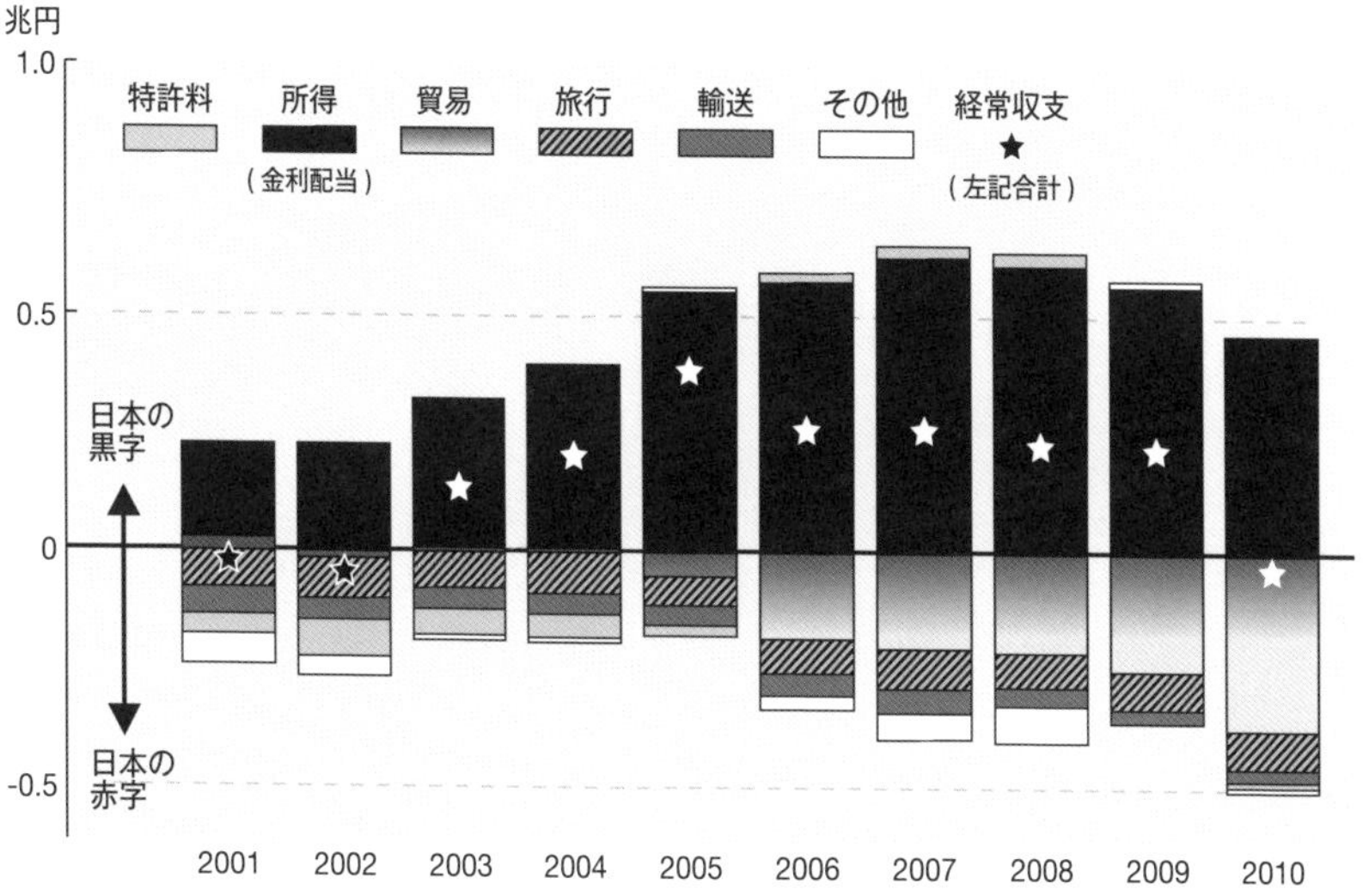

ブランド品で対日貿易黒字のフランス（資料：財務省国際収支統計）

藻谷　ひじょうに高い農産品のブランドをつくることに成功した鹿児島は、みんなが思っているほど経済が成長していないわけではない。核燃料サイクル工場が一つできたおかげで経済成長した青森とは、事情が違うのですね。青森もホタテやりんごでがんばって欲しいものです。

フランスやイタリアがやっているように、洋物ではない日本物、品質と土地の香りを持ったものづくりで一本立ちして生きたいと考え行動している人が日

日本の国際収支の推移：対 イタリア

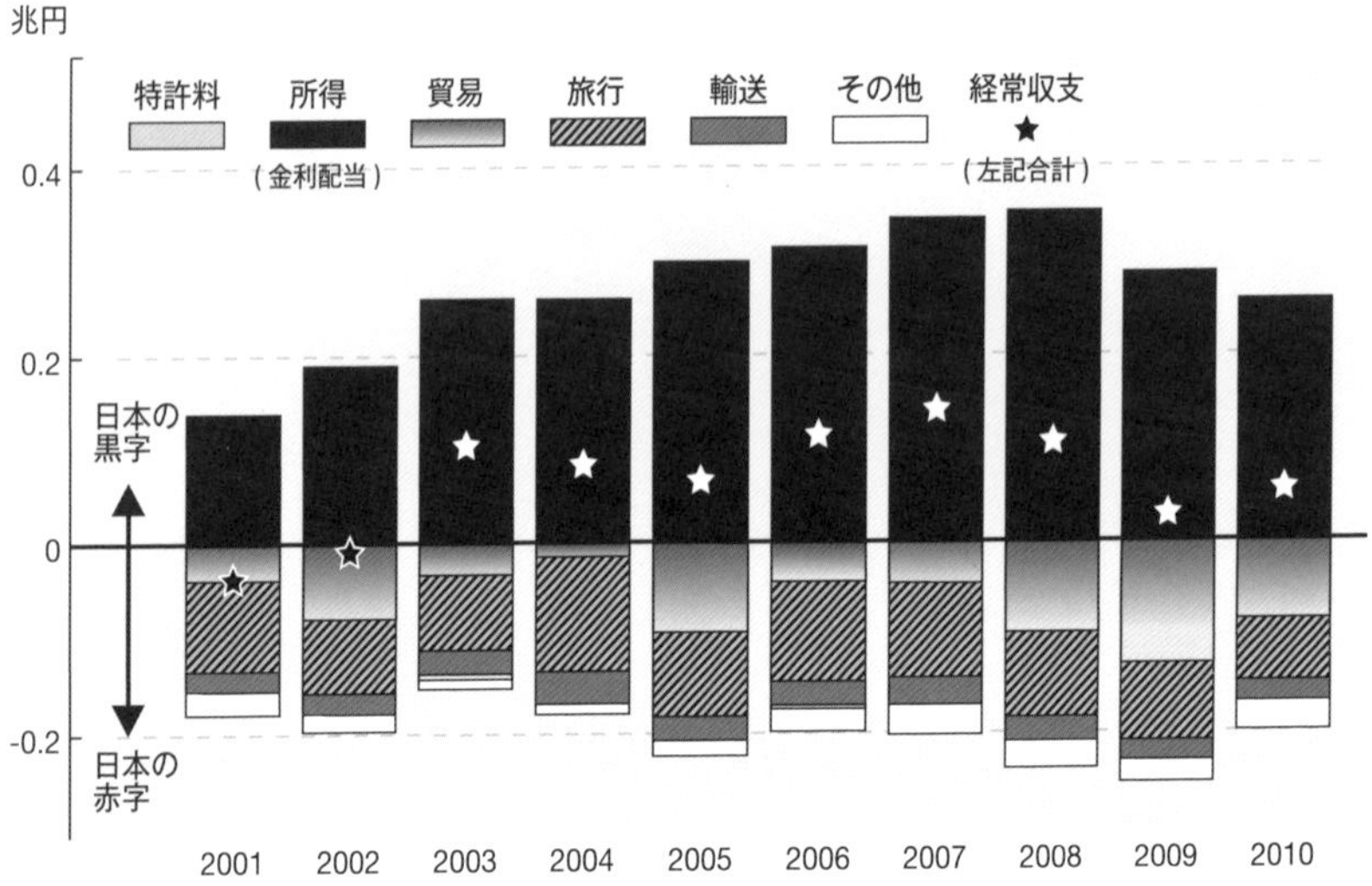

ブランド品で対日貿易黒字のイタリア（資料：財務省国際収支統計）

本各地で増えていることに注目しないといけません。さっきお見せした鳥取県智頭町なんて、見た人はみんな「いいな」と思ったと思う。あんな感じの農村が日本中にあれば良いでしょう？　センス良いですよね。あんな感じに満ち満ちた国になれるはずだし、さっきの浜田の小さい総菜屋も多摩ニュータウンにたくさんあったって良いはずです。そして鹿児島のマルヤガーデンズみたいなものは、まさに有楽町にあっても良いはずです。

逆に、一方的にお金を稼ぎ続けないといけないというある種の脅迫観念から逃れて、少しはストックがあるうちに、楽しいことや豊かな方向に使おうと割り切って使うことも大事です。フランスやイタリアがそうであるように、高度な消費が文化というストックを生み、その文化がやがてまた外貨を稼ぎ出すということがあるのです。事実、今世界に評価されている日本の伝統文化は、まったく人口が増えなかった江戸時代後半に発展したものなのです。そもそも、一生同じことを続けて食べていくのは、やはりつらい。日本は今、戦後六五歳を迎えたちょうどわかりやすい節目なんです。ちょっとしばらく収入レベルを下げても、今まで貯めたお金をうまく使いながら文化的に生活しているうちに、ふと気がついたら七〇歳でまた社長になっているかもしれない。あるいは一人でいろんなビジネスを始めているかもしれない。有名ブロガーか、はたまた庭で美味しい野菜をつくって美食三昧かもしれない。いろんなことができる可能性があるのです。ましてや国は古くなっても、次々に新しい世代は生まれている。だから、こういう時代の節目に我われが居合わせているのは、面白いですねえ。

とにかく、みなさん、老人性鬱だけには気をつけましょう。老人が鬱になっているのではなく、戦後から六五歳を数えたニッポンの、世の中の気分として若い世代も含めて社会全体が鬱になっていることが問題なのです。

山崎　日本が六五歳になっちゃったので、いよいよやることがないと思ってしまうのではなくて、時代の節目としてとても面白い時期を生きているんだということですね。

そういう意味では、「経済成長がなければ僕たちは幸せになれないのか」という問いかけは、時と場合によるし、特にこれからの時代は、お金だけを儲ける必要がないのかもしれませんね。

藻谷　ストックに頼ってもある程度まで経済を回せるところまで来ていて、かつ何もしなくても年間十何兆円もの金利が入ってきて、食料自給率が三九％と言いながら食料輸入額は五兆円程度というのが日本の国です。金利配当を食料輸入に回すだけでも、さらに今の三倍以上買えてしまうんですね。こんな風に、ある意味ひじょうに豊かさが確立されきった状態になったのは、日本の歴史上でも初めてなのです。二、三年どころか二〇年寝ていても食えるという、歴史上例を見ないストックが貯まった時代に今、私たちはいるのです。

しかし、世の人々は、さらにその先を考えて勝手に鬱になっている。実はその先は、この二〇年、日本が本当に成熟して豊かな文化国家になれるかどうかにかかっているのです。そうすると、今度はイタリアやフランスみたいに文化がお金を稼ぐステージに入るのですね。事実、これらの国は日本から黒字を稼げている。

おや、予定の時間が過ぎてしまいました。みなさん、本当にお疲れさまでした。最後に、質疑応答で締めくくりたいと思います。

質疑応答

会場　有楽町の話が出ましたが、山崎さんがもし東京でお仕事をされるとしたら、どんなことを条件に挙げますか。

山崎　僕はよく離島や中山間での仕事についてお話するのですが、実は都市部の仕事もしています。今取り組んでいるのは東京都墨田区の仕事です。食育の計画を区民の人たちと一緒につくるという内容です。関東では横浜や立川の仕事をやっていますし、大阪でも実はマルヤガーデンズみたいな仕事に取り組んでいるところです。近鉄百貨店の新しい本店ができるのですが、そこでコミュニティデザインに携わっています。

藻谷　えっ、やるんですか。

山崎　はい、これはもうオープンにしても良い話だと思います。西日本最大の売り場面積と言われる近鉄百貨店本店の中で、どういう風にコミュニティが入ってきて売場のテナントの人たちとミックスしていくかというプログラムが今、進みつつあるところです。

藻谷　上本町の近鉄ですか？

山崎　いえ、天王寺、阿倍野の方です。阿倍野も今大きい再開発があって、大阪もこれから拠点がいくつかできるだろうと言われているのですが、そこで近鉄本店が戦略に出たということです。

藻谷　それ、僕が止めといた方がいいですよと言ったやつだ！　いや、そういう難しい場所だから逆にそういうクリエイティブな手に出たんですね。

山崎　そうかもしれないですね。だから今まで通りのやり方ではないことをやろうという風になってきています。

で、今のご質問の内容で言うと、田舎ではなく都市部で僕らがやる場合にどうするかといった場合、地縁型のコミュニティを前提とせず、テーマ型のコミュニティの力をどう組み合わせるかを考えます。やっぱり中山間離島地域では、自治会や老人会や婦人会のような地縁型コミュニティの力が強くて、「しがらみ」という言葉に代表されるように過度な結びつきが活動を抑制していることが多い。若い人が何かやりたいと言っても、自治会、婦人会、老人会の手前、勝手なことはできないよという雰囲気がある。監視の目も含めて、一般的に地縁の結びつきが強すぎる場合が多いです。そういう場合は、テーマに特化したコミュニティをつくっていくことが多いのですね。だから、中山間離島地域では地縁型の自治会や区会を前提として、さらにテーマに特化したコミュニティをどうつくり、お互いに刺激しあえるかを計画することになります。

しかし、都会でコミュニティを考える場合は、もう地縁型のコミュニティは成り立たなくなっている場合が多いのです。自治会の加入率もだいぶ下がってきていますし、祭りももうできないということも多いです。しかし、都心はテーマ型のコミュニティがたくさんあります。鹿児島もそうでした。ですから、こういう場合はテーマ型のコミュニティをどう連携させていくかを考え、例えば商店街や自治会とどう共同して、この人たちの元気をどう盛り上げていくかを考えます。この人たちはしがらみもあまりないですし、地縁型の結びつきのなかで身動きがとれない若者たちもいませんので、むしろ動ける人たちが地域の活力をどう上げていくかという戦略に出ることが多いですね。だから、近鉄だろうと墨田区だろうとどこであっても、まずはあるテーマに特化して「こんなことをやりましょうよ」というチームをたくさんつくっていきます。あるいはそういう人を外から呼んでくるというやり方で、プロジェクトを進めていくことが多いです。

藻谷　山崎さんが言っているテーマ型コミュニティの典型が、有楽町の「銀座みつばちプロジェクト」ですよね。この辺のビルの上で養蜂をやって、日比谷公園の花の蜜からできたはちみつを使って「銀座スペシャル」というお菓子をつくっています。これは、代々の銀座の地主の人たちも連携していて、地縁とテーマ型が一緒になったところがすごいですね。それをまた、ホテル西洋で高いお値段で売ったりしています。

山崎　そうですよね、それはすごく面白い例だと思います。ロールケーキなんかもつくったりしてますもんね。うまいミックスの仕方だと思います。

会場　藻谷さんに質問です。ブータンでは国民総幸福量という指標が採用されているそうですが、今日のテーマに照らし合わせて、日本みんなで幸せになろうと主張する時、どんな基準や尺度が考えられますか。

藻谷　これについては、受け売りの話をします。ある新進気鋭の経済学者の方が同じことを尋ねられて答えているのを横で聞いていたのですが、その先生は、ブータン型のやり方を日本に導入することには問題があると指摘されていました。何故かというと、国民の文化によって何を幸福とみるのかは違うということなんです。その方はそのことを専門的に研究している経済学者なのですが、今回の東日本大震災で、実は被災地域以外の人の幸福感がひじょうに増したという調査結果が出たというのです。つまり、被災地でとんでもない不幸な目に遭っている人たちを見て、ああ自分は家があって良かった、ああいうことにならなくて良かったということで、定期的に調査している日本人の幸福度が大きくアップしてしまったんだそうです。

ちなみにアメリカは人のことについてはあまり同情しない国民性のように思われていますが、実はハリケーン・アンドリューでニューオリンズが壊滅した時に同じ手法で調べた結果によると、アメリカ人の多くは幸福度が低下したということです。

先生が仰るには、日本には他人が落ちることによって自分が上がった気になる人が多いというのです。狭い島国で一緒に長いこと生きてきたという伝統がありますから、少ない資源がこっちに回ってくるとなんとなく思ってしまうのかもしれません。

だから、ブータン的な指標を導入すると、お互いに相手を落とすことによって幸福を得るという結果を追求し始めることにならないか、ということを指摘されていました。いわば、隣の子供が受験に失敗したことで、自分のところの晩飯が美味しくなるというか。同期の誰かが昇進に失敗したら、ビールが美味く飲めるとか。もちろん表には出せませんが、内心では狭い視線でお互いのせめぎ合いをしている社会ではありますよね。それがなくて、他人がハッピーだと自分が嬉しいという、山崎さんのような、ある意味ポケモン的、少年ジャンプ人間成長物語的人間ばかりだったら、ブータン方式もうまくいくのですけれど。ここのところの政治や大企業のありようを見ていると、日本は、わざとできない人をリーダーにしておいて、こいつはダメだダメだと引きずり下ろすことに幸福を感じ続ける社会かもしれないですね。

じゃあ、そういうのは止めて、人間性善説的な幸福の指標を入れようとすると、今度は日本人のリアリティから浮いてきて、みんながついて来ない可能性もあります。

それから、発展途上でモノが不足している社会ではある段階まではやっぱりモノが増えていくことが嬉しいので、いかにモノがなくても幸福だと言っていてもどこかでそのフィクションはがたがたに崩れて、みんなが物欲の固まりになる危険性の方があると私は思っています。残念ながらブータンに行ったことはないので、断言はできませんが。

ある意味、明治時代の東北に行ったことのある現代人がいたとしたら、今のブータンと同じことを感じたかもしれないと考えます。でもやはり、その後の時代にはみんな物欲にまみれた。しかし、二一世紀になって震災になってみると助け合いましたよね。

だから、一旦物欲まみれというステージをきちんと通り過ぎた後で、やっぱり物欲だけではしょうがないというところに至って初めて、次のステージに行けるのではないかと思います。だから私は、ちょっとブータンに危うさを感じています。日本は、むしろ物欲を通り過ぎるところまで来ているので、逆にブータンにはできないような別の幸福度を入れても良いように思います。だけど、その時にも、日本人特有の妬み、嫉みの構造があるので、そこはちょっと考えなければいけない。それを排除した別のやり方はあるのかな。

事実、我われは、さっきの山奥の喫茶店を見ていいなと思いましたよね。モノを買うのは不便な所ですが、建築のセンスが良いとか、なかで売っているケーキが美味しそうだと思うじゃないですか。ある程度モノの良さもわかったうえで、モノではないもので精神的に満たされることも必要なんですよ。なにかほどほどのミックスを、我われはたぶん狙っているのではないかという気がします。ある程度赤字だけど、そんなに赤字を垂れ流してはいない海士町みたいな所と、ある程度儲かるけど文化性、幸福度が少し足りない豊田市のような所と、ほどほどの所をライフステージに応じてそれぞれ選んでいけるということが日本の幸せじゃないかなと思っています。

山崎　六五歳になった日本が目指す方向性ですね。可能性はだいぶあるなと思いました。

僕が個人的に不安に思っていたのはどこの町に行っても、経済成長のこと、あるいは儲からないと意味がないだろうとよく言われてしまうことでした。それが、今日のお話である意味勇気づけられました。「経済成長がないと地域は本当の意味で幸福にならないんだよ」という話に惑わされる必要はないなとも思いましたし、じゃあ新しい日本の幸福って何なのということも、僕らはもう一度真剣に考え直さなければいけないのだなということも感じた次第です。

藻谷　これも現場から考えることでしょうね。みなさんが現場でつくってきた、「これは明らかにハッピー」という事例をたくさん見たなかで、実感に合う数字のつくり方を後から工夫するべきだと思います。

山崎　なるほど。ひじょうに勇気づけられる言葉ですね。ありがとうございました。

少し長めのあとがき——経済成長と生活の豊かさについて考える

山崎 亮

藻谷さんと会ったのは、本書の元になった対談が三回目だった。最初にお会いしたのは一時間だけ。友人の事務所で紹介された藻谷さんは手相を占ってくれた。僕の手を見て、そこにあるシワの形についてあれこれ言いながら僕の生い立ちや仕事の内容や悩みなどを聞き出した。手のひらのシワをきっかけにして実に多くの話を引き出してくれたのである。聞けば占いは週刊誌の最後に載っているものを何度か読んだくらいで、まったくの自己流だという。この人は天然のファシリテーターだと思った。相手との間にあるネタ（例えば掌のシワ）をうまく使って情報を引き出す。引き出した情報を整理して投げ返し、更なる情報を引き出す。言葉に詰まると掌のシワの話をして次の情報を引き出す。つまり、二人の間にあるものは手相でなくてもいいわけだ。何か共通の話題があればどんどん情報を引き出すことができる。自分の意見を主張するのではなく、相手の話に応じて自分が考えていることを伝える。コミュニティデザイナーがお手本にすべき人だ、というのが第一印象だった。

『コミュニティデザイン』という本を書いた時にお世話になった学芸出版社の編集者、井口夏実さんから「いま気になっている人と対談しませんか」という提案があった時、真っ先に思いついたのが藻谷さんだった。手相占いの結果が外れていたことを問い詰めたかったわけではない。あの見事な対話をもう一度味わいたいと思ったのだ。テーマは普段から疑問に思っていることがいい。経済とコミュニティデザインの関係について教えてもらおう。井口さんを通じて藻谷さんに対談を申し込んだ。

現場で抱いた疑問

影響を受けた本の一つにダグラス・ラミス氏の『経済成長がなければ私たちは豊かになれないのだろうか』がある。「経済は成長し続けなければならない」という考え方が、自然を破壊し、資源を搾取し、一部の地域に貧困を生み出し、場合によっては他国と戦争する原因になっている。だとすれば「経済は成長すべきである」という常識自体を変えなければならないのではないか、というのがラミス氏の主張である。

本を読んでから何年か経った後、僕はコミュニティデザインの現場である日本のさまざまな町や村を訪れるようになった。そして、そのたびに経済成長とそこで活動する人びとの笑顔との関係がわからなくなってきた。日本が大変な経済成長を成し遂げていた時期、都市に若者が集中し、逆に農村や漁村の集落から若者がいなくなって寂しくなったという話を聞く。バブル期絶頂の頃に地域の商店街がどんどん疲弊していったという話も聞く。いずれも経済は成長していたはずなのに、大都市を除く日本のほとんどの町や村で多くの課題が顕在化していたようなのだ。そして不景気が続く現在、こうした町や村はさぞかし不幸な状態なのだろうと話を聞いてみると、案外幸せに暮らしているという。広い家に住み、庭いじりを楽しみ、新鮮な野菜や魚介類を食べ、仲間と一緒に活動しながら、「景気は全然良くならないねぇ」などと笑っている。

藻谷さんとの対話

「経済成長がなければ僕たちは幸せになれないのでしょうか？」。本書のタイトルでもあるこの疑問を藻谷さんに直接投げかけてみようと思った。「まちづくりをやっても売り上げが上がらないなら意味ないでしょ」という人がいるかと思えば、「お金にはならなかったけど楽しかったね」という人もいる。往々にして、前者はまちづくりに挑戦していない人から聞くことが多く、後者は実際に挑戦した人たちから聞くことが多い。楽しさ、豊かさ、幸せは何によってもたらされるのかと問えば、きっと人それぞれだということになるのだろう。だとすれば、そこに経済成長というのはどう関係しているのか。藻谷さん、その辺をわかりやすく教えてくださいな、とお願いしてみたわけだ。

対談の会場に現れた藻谷さんは、いかにも信頼できそうなスーツ姿だった。対する僕はTシャツにジーパン。どちらが先生でどちらが学生なのかは一目瞭然だ。コミュニティデザイナーたるもの、見え方もしっかり意識しなければならない。本書に登場する僕の格好がラフなのは、決して手を抜いたからではないということをここに申し添えておく。

対談は、手相を占ってもらった時と同じように進められた。藻谷さんが僕の話を聞きつつ、情報を整理して更なる話を引き出す。質問していたはずなのに、いつの間にか自分が答えに近いことをしゃべっている。心地の良い時間を過ごしつつ、目の前の霧が晴れて行くような爽快感があった。景気が良くなれば売り上げが上がるとか、まちに人が集まるようになれば商売がうまく行くと信じるのは、「平均点の高いクラスに編入すれば自分の点数も上がると思い込むこと」に似ている。「実際にはクラスの平均点を下げるだけだ」という藻谷さんの指摘はわかりやすい。景気が良くなっても、商店街に魅力的な商品がなければ人びとは郊外型の大規模ショッピングセンターで買い物するだろう。まちに人が集まっても魅力的なお店がなければお金を使うことなく自宅へ戻ることだろう。経済成長が続いたとしても、嫌な仕事を続けているとしたら幸せにはならないだろうし、自分が住むまちの活動に関わらなければ地域を好きになることもないだろう。

ラミス氏は『経済成長がなければ私たちは豊かになれないのか』のなかで「マイナス成長」という言葉のおかしさを指摘している。「マイナス」なのに「成長」。何が何でも「成長」しなければならないという考え方が染み付いているのだろう。経済成長がなければ幸せは成立しないと考えるなら、マイナスも成長として捉えなければやっていられないのかもしれない。同様に、人口が増加しなければ幸せは成り立たないと考える人から「日本の人口はマイナス増加している」という言葉が出てくるかもしれない。でも僕は「ゼロ成長で豊かに暮らす方法」や「少ない人口で楽しく生活する方法」をデザインしたいと思っている。

お金やモノがたくさん手に入りさえすれば豊かになるし、幸せになると信じられた時代ではなくなったからこそ、人によって違う幸せを実現するための多様な選択肢を生み出しておきたいと思う。仕事のやりがい、自然の豊かさ、信頼できる仲間の数、食べ物の美味しさなど、幸せを生み出すための要素にはさまざまな比重や組み合わせがある。いわばひとつの生態系を形づくっているといえるかもしれない。各人が持つ「しあわせの生態系」をうまく組み立て直すことができれば、経済の成長や人口の増減に一喜一憂する必要はなくなるだろう。

言葉の再定義

「儲ける」という言葉を再定義したいと思うことが多い。「儲ける」といえば、どうしても「お金を儲ける」ということを想起してしまいがちだ。「友を儲ける」「子を儲ける」という意味で「儲ける」という言葉を使うことはほとんどなくなった。「何かを得る」という意味での「儲ける」が、お金のことしか意味しなくなったところにも、経済成長至上主義が感じられる。お金さえ手に入れれば、他はどんなものでも手に入れることができる。だから、手に入れたいものの根源はお金である。そんなことになってしまったのだろう。

僕たちはお金以外のものも儲けたいと思っている。欲張りなのかもしれない。各地でコミュニティデザインの仕事をするなかで、多くの友達を儲けることになる。仕事が終わった後も情報交換し、たまに遊びに行くといつでも迎えてくれる友達を得る。こうした人たちとのつながりは僕たちにとってかけがえのない財産だ。

また、こうした友達たちが「あなたたちが来てくれたからまちに元気が出てきた。助かりました。どうもありがとう」と感謝の言葉をかけてくれることがある。これも僕たちの脳は報酬として受け止めていることだろう。感謝の気持ちを儲けることになる。これは次の仕事のモチベーションにつながる。

さらに、各地の友達たちが季節ごとに特産品を事務所へ送ってくれる。新米、新蕎麦、穫れたての魚介類、新鮮な野菜。これもまたありがたい話だ。みんなで料理して、感謝しながら美味しく頂く。食べきれない場合は、スタッフで分け合って持ち帰る。

もちろん、各地でプロジェクトを進めるうちに、多くのことを学ぶことになる。いろんな話を聞くことができるし、いろんな場所に連れて行ってもらえることになる。美味しい食べ物も気持ちのいい温泉もある。歴史や自然について教えてもらうこともある。こうした知識もまた、僕たちにとっての大きな儲けだ。

「大阪で食べていけなくなったらいつでもうちの町においで。食べていけるようにしてあげるから」と声をかけてもらうこともある。すでに複数の町や村の人たちにそう言ってもらえている。これは僕たちにとって最高のセーフティネットになっている。

こうした多様な儲けが、僕たちの生活を支えてくれている。いわば「ぼろ儲け」の仕事である。ところが、「儲ける」という言葉をお金だけに限定し始めるとこうはいかない。まちの人とゆっくり語らって歴史や自然の話を聞いている場合じゃない。次の仕事に取り組んでお金儲けしなければならない。温泉に連れて行ってもらっている場合じゃない。そんな時間があるならお金を儲けなければならない。お金が儲かれば、歴史や自然についてのデータを得ることもできるし、温泉にだって好きなように行ける。そう考えるようになってしまう。しかし、お金を払って歴史や自然のデータを入手することと、地域に住んでいる人から歴史や自然の話を聴くことは違う。お金を払って好きな温泉に入ることと、地域の人が勧めてくれた温泉に入ってゆっくり語らうことは違う。僕たちは、「儲ける」という言葉の意味をできる限り広げて、そのなかに含まれている多様な意味を噛み締めながら地域の人たちとつながり続けたいと考えている。

GDPと幸せな生活の関係性

こうした多様な意味は経済の指標に反映されにくい。地域の人たちに案内してもらった森のなかでゆっくりとした時間を過ごすことはGDPに反映されない。そこで思いついた詩を詠むことも経済的な価値はないに等しい。新米が採れたとか、新蕎麦を打ったとかいう理由で、僕たちに手作りの米や蕎麦を送ってくれることも経済の指標には組み込まれない。一方、交通事故で大破した車のために支払われる保険金、諍いを調停するための弁護士費用、武器を作って販売するお金などはＧＤＰに含まれることになる。そう考えると、ＧＤＰが成長することと僕たちが幸せな生活を送ることにそれほど大きな関係性があるようには思えなくなる。

さらにいえば、経済成長の「経済」という言葉は、そもそも「お金」だけを意味する言葉ではなかったはずだ。経済の元となった「経世済民」という言葉は、「世の中をうまく治めて人びとが幸せな生活を送ることができるようにすること」というほどの意味だった。だから、お金をたくさん得ることというわけではなく、多様な方法で人びとがより幸せになることが本来的な意味での「経済成長」であり、お金がたくさん手に入ることはそのうちの一つの指標でしかなかったはずなのだ。

ところが、お金が手に入ればその他の指標もすべて満足させられるだろうという考え方が広がり、いつのまにか経済成長といえばお金がたくさん手に入ることを意味するようになり、他の指標を犠牲にしてでも金銭的な指標を高めることが大切だという発想になってしまった。このことによって、上記のように「ゆっくり語らう時間」や

「自分がつくったものを贈るという行為」や「感謝の気持ち」が経済の指標から抜け落ちてしまったのである。

念のために書き添えておくが、お金は必要ないと言っているわけではない。お金を儲けることに注力しすぎて、その他の価値を減じすぎるのがもったいないと考えているのである。お金を支払って外食するのもいいが、仲間同士で食材を持ち寄って、一緒に食事を作って食べるのもいいのではないか。お金をあまり使わない方法でつながりを増やす生活があり得るのではないか。そんなことを考えるのである。

では、最低限どれくらいのお金があればいいのか。これに対する一般的な答えを僕たちは持ち得ない。都心部に暮らしていて、ワンルームマンションの一人暮らしでも月に一〇万円の家賃がかかるという人もいる。あるいは、中山間地域の空き家を仲間と一緒に改修して、月三〇〇〇円の家賃で暮らしているという人もいる。その意味では、年収一二〇万円だけど一年で一〇〇万円は貯金しているという人もいるし、年収三〇〇万円だけどお金が足りなくてしょうがないという人もいる。

よく言われる例えだが、子育てや老後のためにお金を貯めておかねばならないから、年収五〇〇万円以上は必要だとあくせく働くのもいいが、年収三〇〇万円で貯蓄がなくても地域の人たちとの信頼関係を築きながら生きるのもいいだろう。子育てや老後のために「お金を貯める」方法もあるし、「信頼関係を貯める」方法もある。どちらの方法も有効だろう。

地域の信頼関係があると、突然仕事がなくなっても、それを知った地域の人たちが食べ物を運んできてくれたり、次の仕事を見つけて紹介してくれたりする。だからこそ、他の人が困っている時には自分もできる限り手助けしようとする。こうした人間関係を構築しておくのか、「そんな時間はない」としてお金をたくさん手に入れて、誰の世話にもならずに生きていけるように準備するのか、それぞれの価値観があるだろう。

ただし、いずれの道を進むにしてもしっかりと働かねばならない。信頼関係を得る道も険しいし、お金を十分に得る道も険しい。「働く」という言葉は、「はた・らく」であり、「端（はた）にいる人を楽（らく）にする」という意味から来ていると言われる。信頼関係を得るにも、お金を得るにも、日々の働きが大切になるわけだ。

studio-L の働き方

ちなみに、studio-L という僕たちの事務所の働き方は前者に近い。変わった会社かもしれない。金銭的な利潤を最大化させるためにあくせく働くというよりは、地域のためになる仕事をするなかで信頼関係を少しでも多く手に入れたいと考えている。事務所の仕事には、営利事業と非営利事業がある。営利事業は外部から「頼まれた仕事」であり、お金をいただいて進める事業である。ただし、この事業もゆっくり進める場合が多く、委託費の多寡で仕事を引き受けるかどうかを判断することはほとんどない。むしろ、その仕事を引き受ける意義があるかどうか、担当者の熱意があるかどうか、地域の人たちのやる気があるかどうか、美味しい食べ物や気持ちのいい温泉が近くにあるかどうか、などが重要になる。それに加えて委託費が多いのか少ないのかを勘案しつつ、仕事を引き受けるかどうかを決める。営利事業とはいえ、多様な儲けを大切にしたいと考えているわけだ。

一方、非営利事業というのは「頼まれもしないのに取り組む仕事」である。こちらから勝手に押し掛けていってプロジェクトを立ち上げさせてもらう事業だ。かつては兵庫県のいえしま地域で活動させてもらっていたが、この地域に住む人たちがＮＰＯ法人をつくって事業を引き継いでくれたので、いまは三重県伊賀市の穂積製材所を中心にプロジェクトを進めている。この種のプロジェクトに人件費は出ていない。交通費や経費も自分たちで払ってプロジェクトに関わっている。こうした非営利事業のなかで試験的な方法を試してみて、うまく行きそうだということがわかれば営利事業に反映させる。お金をいただいている営利事業では、うまくいくかどうかがわからないような実験的な手法を試すわけにはいかない。これまで誰も試したことのないような方法を実施してみようとする場合、まずは非営利事業でうまく行くかどうかを試してみて、それを営利事業へと移植することにしている。また、非営利事業で新人を育て、営利事業へとデビューさせるというのも僕たちのやり方だ。よく「お金ももらわずに、むしろ自分たちでお金を払いながらプロジェクトを続けるのはなぜですか？」と問われることがあるが、非営利事業は事務所のＣＳＲ活動であるとともに、以上のような実験場としての意味を持つので辞められない。

かくいう僕たちも、生活に必要なお金はしっかりと手に入れたいと考えている。お金を得ることを目的化しないように注意しつつ、生活に必要なお金を得ることも重視している。ともすると「お金なんてなくてもいいや」なんて言葉が出てきそうだが、実際には事例を調べるためにインターネットを使うにも電話を使うにもお金が必要となる。書籍も大量に購入しなければならない。また、スタッフがそれぞれ生活していく上での費用も必要となる。基本的な生活が成り立っていないと、その上で楽しいことをやっていこうという余裕がなくなっていく。だから、スタッフはそれぞれ基本的な生活が成立するくらいのスキルを身につけようと努力するし、僕もそれに答えられるだけの仕事を生み出そうと試行錯誤する。

この試行錯誤にも二つの方法があるだろう。一つはスタッフが生活していけるだけのお金を手に入れるよう努力すること。もう一つはスタッフが生活していくためのお金を引き下げること。大阪の梅田に事務所を構えるということは、スタッフがそこへ通勤できる場所に住むということであり、どうしても家賃が高い場所に住まなければならないことを意味する。月に一〇万円の家賃がかかるような場所に住みながら大阪の中心部にある事務所に通うと、仕事から得たお金を毎月一〇万円分は他の誰かに支払うことになっている。なのに、事務所も自宅も狭い。食事代も高い。

そこで、事務所の一部を非営利事業が進む三重県伊賀市島ヶ原地区の製材所へと移転させることにした。すると、スタッフが住む家の家賃は格段と低くなる。一人暮らしなら一万円か二万円、家族と暮らしていても四万円か五万円で広い家を借りることができる。となれば、固定費は一気に半分以下である。可処分所得が増えることになる。製材所と大阪の事務所をスカイプで二四時間つないでおけば、窓の向こう側には常に大阪事務所が映し出されていて自由に会話ができるというわけだ（実際、この原稿を書いている今もディスプレイには島ヶ原の事務所が映し出されている。よしよし、みんなちゃんと仕事しているなぁ）。

生活するためにお金は必要。それをどこまで最小化できるかによって、その他の価値をどれくらい最大化できるのかが見えてくる。大阪事務所のスタッフがたくさん払っていた自宅の家賃を、まとめて島ヶ原へと異動させてしまったことによって小さく抑えてしまった。これは経済成長に貢献しない行為だろう。しかし、僕たちの働き方は多様度を増したし、広い事務所と広い自宅を手に入れることができた。経済成長と豊かな生活との関係について、実践的に考えている最中である。

＊＊＊

経済の素人である僕との対談は、藻谷さんにとってさほど得るところがないものだったに違いない。にも関わらず、終止明るく話を展開してくれたことに感謝したい。また、本書のまえがきにあるとおり、藻谷さんは当初、この対談を書籍化するつもりはなかったそうだ。そこを曲げて書籍化に協力いただいたことにも謝意を表したい。出版社近くのホテルに泊まり込んで何日も校正してくれたと聞いている。ありがたいことだ。そのホテルに足しげく通い、本書を完成まで導いたのは対談の企画者でもある井口さんだ。彼女がいなければ対談も本書も生まれていない。今回も楽しい仕事だった。対談の会場を快く貸してくれた東京芸術学舎の関係各位にも感謝している。最後に、本書のテーマについて有益な方向性を示してくれたダグラス・ラミス氏の著書『経済成長がなければ私たちは豊かになれないのだろうか』に感謝する次第である。一〇年以上続く問題意識を醸成してくれる書籍に出合うことはそれほど多くない。こうした書籍と出合えたこともまた、僕の幸せを構成している一つの要素である。

「電力が不足すると経済成長は鈍化する。それは困るから原子力発電所を再稼働しよう」。こうした思考から抜け出す必要がある。ラミス氏は、二〇〇〇年に書いた著書の最後に「放射能付きのユートピア」という言葉を登場させている。東日本大震災を経験した僕たちは、遅きに失するとはいえ、もう一度暮らしの実感から各人の幸せについて真剣に考えるべきだろうし、それを実現するための新しい「常識」を掲げて行動すべきだろう。それこそが、二万人近くの犠牲者と、いまなお「幸せ」から遠い状態に追いやられている人たちに対して、僕たちがどうしても取り組まねばならないことだと思うのである。

あとがきのあとがき――東京都青ヶ島村

藻谷 浩介

山崎さんのあとがきの後に、さらなる蛇足をお許しください。

以下は二〇〇八年度に、朝日新聞が土曜日に出している別刷り「ｂｅ青版」に五〇回連載した記事の、第四九回目の原稿です。日本最小の自治体である東京都青ヶ島についで書きました。この本を最後まで読んでくださったみなさんには、私の言いたかった趣旨がよく伝わると思います。

素晴らしい対談をしてくださった山崎亮さんへのお礼と、全国の地域の現場で頑張るみなさんへのエールも込めて、再録します。それではみなさん、お元気で。

東京都青ヶ島村

人口二一四人（二〇〇五年国勢調査）、日本最小の自治体だ。

東京より船で一一時間の八丈島からさらに七〇km南の絶海の孤島。全周が断崖絶壁で、南半分には巨大な火口が開く。「八丈沖の黒瀬川」（黒潮本流）を突っ切る困難から、往来は毎朝一便のヘリコプター頼みだ。海水をひんぎゃ（＝火山の噴気）で三週間乾燥させた「ひんぎゃの塩」は全国に通販されるが、村の歳出一二億円に対し村税収入は四〇〇〇万円に満たない（二〇〇五年度）。

なぜそこまでして住むのか、その理由は島の歴史にある。江戸時代半ばまでは、火口の中の池のほとりで豊かな農業が営まれていた。しかし一七八五年の大噴火で全島が被災、救難船に乗れなかった一三〇名が命を落とす。助かった二〇〇名は八丈島内の荒地に入植し、艱難辛苦の末三九年後に全員で「還住」（帰島）。溶岩で埋まった火口内をあきらめ山頂の北側斜面に甘藷畑を開拓、一一年後についに検地を受け年貢を納めるに至り、誇りを込めて「再興」を宣言した。

当時の年貢も現代の天然塩売上も微々たるものだろう。だが生を受けた土地に根ざして道を拓き、微力でも社会参加を志す意思の尊さは、他所の住民に勝るとも劣らない。地震が多発する火山列島・日本に住まう者として、彼ら還住者の子孫の思いを否定できようか。

拙宅の棚の奥に、かの地で買い求めた「青酎」の一瓶がある。島の甘藷を各家庭に受け継がれた麹で醸した、左党垂涎の幻の酒。民宿のおかみさんは東京からの注文の電話に「量がないの。どうしても欲しかったら買いに来て」と答えていた。人生のこれというひとときにこれという相手にふるまい、こういう島が日本にあったことを共に喜びたい。

著者紹介

藻谷浩介（もたに　こうすけ）

1964年、山口県生まれ。㈱日本総合研究所調査部主席研究員。

1988年東京大学法学部卒、同年日本開発銀行（現、㈱日本政策投資銀行）入行。米国コロンビア大学ビジネススクール留学、日本経済研究所出向などを経ながら、2000年頃より地域振興の各分野で精力的に研究・著作・講演を行う。2012年度より現職。政府関係の公職多数。主な著書に『実測！ニッポンの地域力』（日本経済新聞出版社）、『デフレの正体』（角川oneテーマ21）。

山崎 亮（やまざき りょう）

1973年、愛知県生まれ。studio-L代表、京都造形芸術大学教授。

地域の課題を地域に住む人たちが解決するためのコミュニティデザインに携わる。まちづくりのワークショップ、住民参加型の総合計画づくり、建築やランドスケープのデザインなどに関するプロジェクトが多い。「海士町総合振興計画」「マルヤガーデンズ」「震災+design」でグッドデザイン賞、「こどものシアワセをカタチにする」でキッズデザイン賞、「ホヅプロ工房」でSDレビュー、「いえしまプロジェクト」でオーライ！ニッポン大賞審査委員会長賞を受賞。著書に『コミュニティデザイン』（学芸出版社）、共著書に『コミュニティデザインの仕事』（ブックエンド）、『まちの幸福論』（NHK出版）、『幸せに向かうデザイン』（日経BP社）、『つくること、つくらないこと』『テキスト ランドスケープデザインの歴史』（学芸出版社）など。

藻谷浩介さん、経済成長がなければ
僕たちは幸せになれないのでしょうか？

2012 年 7 月 7 日　初版第 1 刷発行
2012 年 7 月 30 日　初版第 2 刷発行

著　者………藻谷浩介・山崎 亮
発行者………京極迪宏
発行所………株式会社学芸出版社
京都市下京区木津屋橋通西洞院東入
電話 075－343－0811　〒 600－8216
装　丁………藤脇慎吾
印　刷………オスカーヤマト印刷
製　本………新生製本
写　真………尾内志帆撮影（カバー、帯、p.3、8、166）

ISBN 978－4－7615－1309－2

好評既刊＆近刊書

コミュニティデザイン　人がつながるしくみをつくる　［10刷突破！］

山崎 亮 著

四六判・256頁・本体1800円・ISBN978-4-7615-1286-6

当初は公園など公共空間のデザインに関わっていた著者が、新しくモノを作るよりも「使われ方」を考えることの大切さに気づき、使う人達のつながり＝コミュニティのデザインを切り拓き始めた。公園で、デパートで、離島地域で、全国を駆け巡り社会の課題を解決する、しくみづくりの達人が、その仕事の全貌を初めて書き下ろす。

デフレ時代の地域再生《まちなか》（仮題）

藻谷浩介 著

四六判・240頁・本体予価1800円〔鋭意執筆中！〕

雑居、雑然、雑踏のまちなかは、自己実現を追求する個人の独自コンテンツを受け入れる器の力を本来持っていた。不況!と言われるなか、それなりに元気なまちなかもあれば、好景気の時から寂れた所がある。その違いは何なのか。全国津々浦々を巡った地域エコノミストが熱く語る。鋭意執筆中。

まちへのラブレター　参加のデザインを巡る往復書簡（仮題）

山崎 亮・乾久美子 著

四六判・224頁・本体予価2000円〔2012.9〕

ルイ・ヴィトンのファサードをはじめ精緻なデザインで知られる建築家と、「つくらないデザイン」を標榜するコミュニティデザイナーが、ある町の駅周辺整備を機に文通を始めた。このまちづくりを通じて成長していく二人の率直なやりとりから、ハードとソフトのデザインがいかに融合してゆくのか、その過程を追体験する試み。

つくること、つくらないこと　町を面白くする11人の会話

山崎 亮・長谷川 浩己 編著

四六判・168頁・本体1800円・ISBN978-4-7615-1295-8

つくる人（ランドスケープアーキテクト）とつくらない人（コミュニティデザイナー）が、プロダクトから建築・都市デザイン、社会学まで多分野のゲストを迎えてデザインを率直に語った。皆が共通して求めているのは「楽しめる状況」をつくること。そのためにデザインに出来ることはたくさんあると、気づかせてくれる鼎談集。

撤退の農村計画　過疎地域からはじまる戦略的再編

林 直樹・齋藤 晋 編著、山崎 亮ほか著

A5判・208頁・本体2300円・ISBN978-4-7615-2489-0

人口減少社会において、すべての集落を現地で維持するのは不可能に近い。崩壊を放置するのではなく、十分な支援も出来ないまま何がなんでも持続を求めるのでもなく、一選択肢として計画的な移転を提案したい。住民の生活と共同体を守り、環境の持続性を高めるために、どのように撤退を進め、土地を管理すればよいかを示す。

マイファーム 荒地からの挑戦　農と人をつなぐビジネスで社会を変える

西辻一真 著

四六判・192頁・本体1600円・ISBN978-4-7615-1306-1

高齢化、跡継ぎ不在、税金問題等の理由から、荒れた田畑、いわゆる耕作放棄地が増えている。農地法の壁や農家の慣習もあり、他人への貸与や転用は難しい。そんな中、付加価値のある農園等で、一般市民と農をつなげるビジネスを立ち上げた若者がいた。その先に目指すのは農の再興だ。新しい手法で切り拓く情熱ベンチャー物語。

学芸出版社 | Gakugei Shuppansha

建築・まちづくりの情報発信
ホームページもご覧ください

WEB GAKUGEI
www.gakugei-pub.jp/

- 図書目録
- セミナー情報
- 著者インタビュー
- 電子書籍
- おすすめの1冊
- メルマガ申込(新刊&イベント案内)
- Twitter
- 編集者ブログ
- 連載記事など